REJOIGNEZ NOTRE COMMUNAUTÉ DE LECTEURS !

Inscrivez-vous à notre newsletter et recevez chaque mois :
- des conseils inédits pour vous sentir bien ;
- des interviews et des vidéos exclusives ;
- des avant-premières, des bonus et des jeux !

Rendez-vous sur la page :
bit.ly/newsletterleduc

Découvrez aussi notre catalogue complet en ligne sur notre site : **www.editionsleduc.com**

Enfin, retrouvez toute notre actualité sur notre blog et sur les réseaux sociaux.

La photographie de couverture correspond à la recette p. 71, « Salade de grenade, poires et noix ».

Maquette : Sébastienne Ocampo
Illustrations : Fotolia
© Photographies de couverture : Catherine Madani
Conception graphique de la couverture : Laurence Maillet
Design de couverture : Antartik

10 place des Cinq-Martyrs-du-Lycée-Buffon
75015 Paris – France
ISBN : 979-10-285-0388-8
ISSN : 2427-7150

Sara Biglieri

MES PETITES RECETTES *magiques* TOUT CRU

POCHE
LEDUC.S

Les livres sont une magie
Cette magie n'aurait pas pu être possible sans
l'alchimiste et ami chef Paolo Bozzini
Le patient David et la fée Greta

SOMMAIRE

« Peu à peu, un homme qui observe chaque jour
une certaine nourriture finit par en être modifié,
tire de ses mets une force, ou contracte, grâce à eux,
des maux qu'il ne connaissait pas. »

Marguerite Yourcenar

ON CHANGE QUAND ?

J'ai connu et intégré l'alimentation vivante dès mon enfance. Tous les étés, je passais trois mois de vacances dans la ferme de mes grands-parents dans une verte vallée du Piémont, en Italie, et, quotidiennement, j'avais accès à de bonnes tomates, à des carottes que je m'amusais à sortir de terre et à manger après les avoir lavées au bord de la rivière, ou à des fruits cueillis directement dans les arbres et aussitôt croqués. Sans en être consciente, je bénéficiais alors d'un privilège aujourd'hui unique : je grandissais dans une ville tout en tissant un lien avec l'énergie vitale de la terre (et qui plus est, la terre de mes ancêtres). Cette énergie ne m'a jamais abandonnée et a alimenté mon inconscient, même dans les moments les plus difficiles de ma vie.

J'apprenais à soigner et à reconnaître les plantes, à respecter les cycles de la nature, à semer, arroser… Quand on rentrait en ville après les vacances, ce lien avec la nature se réduisait aux week-ends. En automne, on cueillait les châtaignes et les champignons, en hiver, on cherchait les choux cachés sous la neige, et au printemps, on commençait à préparer les champs pour planter les primeurs… en attendant les vacances d'été. On avait fait un cycle.

Tout était intimement lié au terroir et au vivant. Je savais que les végétaux, même quand ils ont été cueillis, continuent leur vie, que si on oublie une pomme de terre, elle fait des bourgeons, et qu'un haricot sec donne des racines si on le met sur un coton avec de l'eau.

Et puis il y a une anecdote qui m'a toujours frappée : ma grand-mère paternelle avait été infestée par un ténia durant la guerre, son médecin lui avait conseillé de manger une tête d'ail tous les jours, ma grand-mère avait respecté sa prescription et avait guéri. Ainsi j'ai compris la puissance du pouvoir guérisseur de certaines plantes.

Je n'avais aucune connaissance intellectuelle, je faisais directement l'expérience de cette richesse dans le bonheur et la joie. C'est seulement beaucoup plus tard, après un divorce, des voyages, des rencontres, des soucis et plein d'autres aventures et d'apprentissages, que je suis revenue consciemment à la pomme crue que la petite fille aux cheveux courts croquait dans le jardin de ses grands-parents, à ce bonheur d'une alimentation vivante, avec toutes les transformations qu'elle peut nous révéler.

Je me suis donc intéressée à l'alimentation végétarienne, végétalienne et vivante, désormais consciente que les aliments sont le carburant de notre corps et donc les fondements de notre existence physique et par conséquent psychique. Ils nous transforment chaque jour. Comme l'a dit Marguerite Yourcenar, si on change d'alimentation, on peut se découvrir différent.

Mon souhait est donc de vous inspirer avec des recettes simples et faciles à réaliser, de vous donner envie d'explorer l'alimentation crue – que je préfère appeler vivante – pour que vous vous découvriez peut-être différent.

Amusez-vous bien !

LE CRUDIVORISME : UN PEU D'HISTOIRE

Théoriquement, le crudivorisme (ou *raw food*) consiste à manger n'importe quel aliment sans le cuire ou bien à le cuire sans dépasser les 42-45 °C. Au-delà de cette température, les enzymes et de nombreuses vertus des aliments sont en effet détruites. Dans la pratique, la plupart des crudivoristes bannissent également la viande et adoptent un régime végétarien, ou même végétalien.

Le Dr Bircher-Benner est le pionnier indiscuté de ce genre de régime. Ce médecin suisse du début du siècle découvrit les bienfaits thérapeutiques de l'aliment cru et en fit profiter sa famille avant d'appliquer les premiers préceptes du crudivorisme naissant à ses malades. Le Dr Bircher-Benner considérait qu'un crudivorisme à 50 % pouvait parfaitement convenir à condition de faire quelques cures de détoxication (100 % cru) au cours de l'année. Il ouvrit même une clinique spécialisée en 1903, clinique qui fonctionne encore aujourd'hui.

À sa suite, le Dr Schnitzer, dentiste allemand versé dans l'étude de la carie, fonda un second courant crudivoriste, plus radical que celui du Dr Bircher-Benner puisque prônant une alimentation crue à 100 %. Peu connu en France, ce régime est pourtant suivi de nos jours par de nombreux Allemands.

C'est le Dr Schnitzer qui, le premier, mit l'accent sur les origines frugivores de l'homme. D'après ses études comparatives des systèmes digestifs et de la dentition des différentes espèces, il semblerait en effet que l'homme n'appartienne absolument pas à la classe des carnivores ni à celle des omnivores, mais bien à celle des mangeurs de graines et de fruits, tout comme son cousin, le singe. Or, qui dit frugivorisme, dit évidemment crudivorisme.

Le physicien suisse G.-C. Burger, dernier en date des créateurs de systèmes crudivoristes, n'adhère, pour sa part, ni au frugivorisme ni au végétarisme. Sa méthode, l'instinctothérapie, insiste beaucoup sur les fruits, mais, au-delà, elle admet toutes les formes de nourritures, y compris la viande (encore que les produits laitiers soient exclus), à condition, bien sûr, qu'elles soient 100 % crues. Le principe de base de l'instinctothérapie repose, comme son nom l'indique, sur l'instinct. Il s'agit de choisir, en utilisant l'odorat et le goût, les aliments crus qui vont le mieux répondre aux besoins organiques du moment.

Pour simplifier, on peut distinguer trois courants crudivores :

- crudivores carnivores, qui intègrent la viande (sauf le porc),

- crudivores végétariens et crudi-végétaliens, qui peuvent être granivores (se nourrissant principalement de graines germées),
- frugivores, qui ne mangent que des fruits.

L'ALIMENTATION VIVANTE ET SES BIENFAITS

C'est un fait que l'aliment cru est vivant, alors que l'aliment cuit est mort. L'état colloïdal de la cellule de l'aliment cru et frais spécifie le vivant, alors que l'état floculé de la cellule cuite symptomatise parfaitement la mort de cette cellule. Une quantité importante de vitamines, sels minéraux et enzymes sont détruits durant la cuisson. La chaleur exigée par une cuisson normale détruit inexorablement les vitamines A, B5, B6, B9, B12, B15, C, E et F. De plus, l'eau de cuisson prélève, dans tous les cas, jusqu'à 70 % des minéraux, plus une bonne partie des quelques vitamines.

Cuit, l'aliment peut perdre jusqu'à 90 % de ses vitamines et la cuisson au-delà de 42-45 °C détruit les enzymes nutritives des aliments qui sont nécessaires pour bien les digérer. Elles sont la force vitale des aliments, celle qui rend possible la germination par exemple. C'est pourquoi on dit que les enzymes sont les catalyseurs (qui déclenchent une réaction, un processus) de la vie. Si elles ne sont pas présentes, comme dans le cas où elles ont été détruites par la cuisson, le corps devra fournir ses propres enzymes et s'affaiblir.

La cuisson peut causer des altérations dans les aliments et la formation d'autres substances toxiques ou dangereuses pour la santé. Les protéines cuites à hautes températures et à sec peuvent former les hydrocarbures aromatiques polycycliques (HAP), qui sont des substances extrêmement cancérigènes. Si elles sont cuites au-delà du point de fumée, les graisses peuvent former l'acroléine et les peroxydes, qui sont des substances très dangereuse pour l'organisme. Avec la cuisson, certains acides gras comme les oméga-3 et les oméga-6, peuvent s'oxyder et nuire ainsi à la santé et en particulier au système cardio-vasculaire.

Il faut tout de même rappeler que la cuisson des aliments ne comporte pas seulement des aspects négatifs mais qu'elle a aussi des bénéfices. Elle réduit radicalement la charge microbienne, elle détruit aussi certaines substances toxiques, comme la solanine contenue dans les pommes de terre, les aubergines et les tomates, ou encore provoque la coagulation qui rend les protéines plus digestibles et assimilables grâce à la gélatinisation et la dextrinisation de l'amidon.

Absorber tous les éléments nutritionnels des aliments et profiter de leurs énergies vitales, c'est la promesse du cru, mais il faut aussi faire attention à l'apport de protéines complètes, vitamines et fer, et manger des produits frais, de saison et biologiques.

COMMENT INTÉGRER LE CRU DANS NOTRE QUOTIDIEN

On ne passe pas d'une alimentation « classique » à une alimentation 100 % crue du jour au lendemain. Vous risqueriez d'avoir de terribles maux de tête ou de subir une grande frustration, votre système digestif affaibli par des années d'alimentation cuite supportant difficilement l'action puissante des aliments crus. Vous pourriez également souffrir de troubles intestinaux, de ballonnements, de flatulences…

Il est donc préférable d'introduire des aliments crus progressivement, sous forme de jus au début, et de restaurer l'intestin pour pouvoir peu à peu bénéficier à nouveau de ces aliments vivants.

C'est un peu comme quand on recommence à faire du sport après une longue pause. On ne court pas 10 km d'un coup. On s'y remet petit à petit. Le corps a besoin d'un temps d'adaptation et de douceur !

Ne culpabilisez surtout pas si vous faites des écarts au début !

QUELQUES CONSEILS DE TRANSITION VERS UNE ALIMENTATION VIVANTE

- Commencez la journée avec un jus énergisant.
- Commencez les repas par une salade de crudités.
- Utilisez des huiles vierges de première pression à froid, non raffinées et crues dans votre alimentation.
- Remplacez le lait de vache par des laits végétaux.
- Introduisez une journée crue dans votre semaine.
- En cas de creux, mangez un fruit à la place d'un gâteau.
- Réduisez puis supprimez les aliments trop cuits (pain, gâteaux, pâtes, etc.). Ils risqueraient de faire échouer votre projet.
- N'achetez que des aliments frais et de préférence issus de l'agriculture biologique.
- Composez des assiettes colorées.
- Organisez une soirée crue entre amis et variez les aliments présents sur la table et vous verrez que cru peut rimer avec plaisir !

LES INGRÉDIENTS DE LA CUISINE CRUE

DES LÉGUMES, DES LÉGUMES ET ENCORE DES LÉGUMES !

Les légumes constituent les principaux ingrédients de l'alimentation. Il en existe une grande variété. Amusez-vous à découvrir d'abord le goût cru des légumes que vous avez l'habitude de cuire. Osez ! Presque tous les légumes peuvent être mangé crus, à l'exception de la pomme de terre et de l'aubergine qui contiennent de la solanine qui pourrait provoquer des troubles digestifs. Choisissez des fruits et légumes de préférence bio.

LES LÉGUMINEUSES

L'immense famille des légumineuses est répandue sur tout le globe, sauf sur les îles glacées de l'Antarctique. Un grand nombre de légumineuses fournissent des graines ou même des fruits comestibles : haricots, lentilles, pois, fèves. Ces graines renferment beaucoup d'amidon et une proportion de matière azotée supérieure à celle des viandes de boucherie. Cependant, il vaut mieux éviter de manger les grandes légumineuses (haricots, lentilles, pois chiches, arachides) crues. Les légumineuses contiennent des

anti-nutriments, comme l'acide phytique, qui empêche ou réduit l'assimilation de certains nutriments (calcium et fer par exemple). Les légumineuses peuvent être utilisées crues après germination.

Les oléagineux (noix et graines)

Les noix (noisettes, noix de cajou, noix de pécan, noix du Brésil, amandes, pistaches...) trouvent une très grande utilisation dans l'alimentation crudivore. Elles sont appréciées pour leur apport nutritionnel ainsi que pour leur action texturante mais elles contiennent aussi des anti-nutriments dont le plus connu est l'acide phytique. Il est donc préférable de faire tremper les oléagineux dans l'eau avant de les utiliser. À partir de certains oléagineux, on peut confectionner des laits et des beurres délicieux.

Les graines

Les graines sont très présentes dans l'alimentation vivante pour leur apport nutritionnel, gustatif et texturant. On distingue trois grandes familles de graines :

- Les graines amylacées qui contiennent environ 70 % de glucides : ce sont en fait les céréales, tels l'avoine, le blé, le maïs, l'épeautre, l'orge, le seigle, le riz, le sarrasin…
- Les graines protéagineuses qui contiennent 45 % de protéines : ce sont celles que l'on connaît sous le nom de légumineuses comme le pois chiche, la fève, la lentille, le haricot mungo, le haricot azuki, le soja…
- Les graines oléagineuses qui contiennent 50 % de lipides : ce sont celles qui nous intéressent, la graine de lin, de courge, de sésame, de tournesol, de pavot, de chanvre, de chia…

Les fruits

Comme les légumes, les fruits sont les protagonistes incontestés de ce type d'alimentation, Pour certains, les frugivores, ils sont même le seul apport de leur alimentation.

Les graines germées

On appelle graine germée toute graine dont le métabolisme a été réveillé au contact de l'eau, de l'air, de la chaleur et qui commence à croître. Les graines germées qui grandissent puis donnent des feuilles chargées de chlorophylle sont des jeunes pousses.

Dans toutes les grandes civilisations, au moment de leur expansion, les graines germées ont été utilisées, procurant ainsi vitalité et vigueur et assurant le développement des sociétés. Au tout début du christianisme, les communautés des esséniens étaient répandues dans tout le Moyen-Orient. Gardiens de traditions anciennes de sagesse et de santé, les esséniens jouissaient d'une santé remarquable grâce à l'utilisation des graines germées. Le pain essène est la recette très précieuse d'un pain sans cuisson qu'ils nous ont laissée et que vous pouvez trouver dans les magasins bio.

On peut faire germer les graines chez soi facilement. Ça ne prend que quelques minutes par jour, et vous trouverez une grande variété de graines dans le commerce spécialisé.

Du point de vue nutritionnel, les graines germées sont un concentré de substances génératrices de santé. Elles sont très faciles à digérer et sont même assimilables par des organismes malades.

Elles permettent de se nourrir avec un tout petit budget.

De plus, en observant le processus de la germination, vous allez retrouver le contact avec la nature en devenant producteur de votre propre alimentation.

Les superaliments

Par superaliments, on entend une catégorie d'aliments (fruits, légumes, graines, algues, noix...) particulièrement riches en valeurs nutritives et dont les bienfaits seraient supérieurs à ceux des autres aliments. Leurs qualités protectrices contre certaines maladies seraient exceptionnelles.

Il s'agit d'une grande catégorie, au sein de laquelle chaque aliment a sa ou ses propriétés spécifiques pour la santé de l'organisme. Ainsi, les superaliments peuvent être très riches en vitamines et en sel minéraux, comme l'acérola (vitamine C), ou/et des antioxydants, comme l'açai, les baies de goji, qui ont de nombreux bénéfices pour l'équilibre biochimique du corps. D'autres exemples sont les graines de chia, riches en acides gras essentiels (oméga-3 et oméga-6), la spiruline, une algue énergisante très riche en sels minéraux, la lucuma, riche en fibres, en antioxydants et en vitamines, le curcuma, le plus fort anti-inflammatoire naturel du monde, la maca, protéique et riche en sels minéraux, les pousses d'alfalfa, utiles pour combattre le stress oxydatif, le thé matcha ou thé vert japonais, qui contient des antioxydants appelés catéchines, le guarana, un fruit extrêmement énergisant. De nombreux autres aliments sont en cours d'études par la communauté scientifique.

Consommer ces aliments dans tous les régimes alimentaires est vivement conseillé, pas seulement pour la qualité et la quantité des bénéfices qu'ils apportent, mais aussi pour avoir une alimentation variée, saine et très riche.

Les huiles

Les graisses utilisées dans la cuisine crue végétalienne sont évidemment toutes d'origine végétale naturelle. Les plus utilisées sont l'huile d'olive extra-vierge, l'huile de lin, l'huile de noix, l'huile de graines de chanvre, l'huile de tournesol, l'huile d'arachide, l'huile de maïs… Elles sont riches en acides gras insaturés et contiennent beaucoup de vitamines comme la vitamine E et la vitamine A et des substances bénéfiques. Certaines huiles contiennent les acides gras insaturés oméga-3 et oméga-6 essentiels pour une bonne alimentation. L'huile de lin, par exemple, en est une très bonne source.

Les graisses saturées, comme l'huile de coco vierge, le beurre de lait de vache (dans l'alimentation végétarienne) et le beurre de cacao contenu dans le chocolat, doivent être consommées avec modération pour ne pas endommager le système cardio-vasculaire. Consommées vierges et non raffinées, elles sont aussi une source de vitamines et de sels minéraux précieux.

L'ÉPICERIE « RAW »

Voici quelques produits que vous devriez intégrer à votre épicerie pour passer à l'alimentation crue.

HUILES	GRAINES	FRUITS SECS	SUPER-ALIMENTS	AUTRES
Huile de coco	Tournesol	Noix de cajou	Maca	Algues en flocons
Huile d'olive extra-vierge	Chia	Amandes	Caroube	Levure maltée
Huile de lin	Chanvre	Noisettes	Spiruline	Miso
Beurre de cacao	Potiron	Noix de macadamia	Baies de goji	Épices
Huile de tournesol vierge	Lin	Noix du Brésil	Açai	Gomasio
Huile de chanvre	Sésame	Noix	Lucuma	
			Chanvre	

LES USTENSILES DE LA CUISINE CRUE

Pour commencer et réaliser les recettes de ce livre, vous avez juste besoin d'un **blender** et d'un **robot multifonction** pour couper les aliments mais sachez qu'une fois passionné par ce mode d'alimentation, si vous avez envie de réaliser des préparations plus avancées, vous pourrez également vous équiper d'un **déshydrateur**, une machine qui, grâce à un courant d'air chaud autour de 42 °C, permet de sécher fruits et légumes.

Vous pourriez aussi avoir envie de vous équiper d'un **extracteur de jus**, qui permet de séparer le jus et les fibres des fruits et des légumes. La rotation de l'extracteur est la méthode la plus douce qui soit pour extraire le jus car il n'y a pas de cuisson (même la centrifugeuse chauffe l'aliment avec la force centrifuge). Aussi vite qu'avec une centrifugeuse, on obtient ainsi un jus qui conserve au mieux les vitamines et les minéraux.

Pour obtenir des spaghetti de légumes, un **spiraliseur** pourrait aussi être utile. Il s'agit d'une machine qui découpe les légumes en forme de spirales comme si on les passait dans un taille-crayon.

Mais en attendant, pour vous initier aux plaisirs de l'alimentation vivante et commencer les recettes de ce livre, vous avez juste besoin de votre blender et de votre robot multifonction. C'est parti pour 100 recettes toutes crues !

100 RECETTES TOUTES CRUES

Les préparations de base : les laits et les beurres végétaux

LES LAITS VÉGÉTAUX

À partir d'ingrédients bio et vivants (graines et fruits secs oléagineux qui pourraient encore germer), on peut fabriquer des laits crus et vivants, riches en vitamines et en sels minéraux et dépourvus de caséine, de lactose, voire de cholestérol. Vous pouvez trouver ces laits dans la plupart des supermarchés au rayon bio ou dans les magasins bio spécialisés. Les laits végétaux les plus communs sont le lait d'amande, le lait de noisette, le lait de soja, le lait de riz, mais vous pouvez aussi trouver le lait d'épeautre et le lait de chanvre.

Le lait d'amande est celui que j'utilise le plus et vous le trouverez dans plusieurs recettes.

LAIT D'AMANDE

POUR 1 LITRE
PRÉPARATION : 15 MINUTES
TREMPAGE : 12 HEURES

INGRÉDIENTS : 200 g d'amandes crues bio non émondées (et bien sûr non rances), 1 l d'eau, 1 petite pincée de sel, sirop d'agave (facultatif).

- Faites tremper les amandes dans de l'eau pendant une douzaine d'heures. Les amandes vont entamer le processus de prégermination qui augmentera les qualités nutritionnelles de votre lait.
- Jetez l'eau de trempage. Rincez les amandes.
- Broyez les amandes au robot ou au blender pendant quelques minutes avec l'eau, une pincée de sel et, si vous le désirez, un peu de sirop d'agave pour un goût plus sucré.
- Filtrez le liquide obtenu dans un torchon pour séparer les amandes du lait. Vous pouvez aussi vous servir d'un sac à lait végétal que vous trouverez dans les magasins spécialisés. Gardez la pulpe qui reste dans le torchon (on l'appelle okara) après le filtrage.
- Vous pouvez conserver le lait dans une bouteille au réfrigérateur et le consommer dans les 5 à 6 jours.

LE CONSEIL MAGIQUE

L'okara, le résidu qui résulte du broyage des amandes ou d'autres oléagineux, peut être conservé afin d'être intégré dans d'autres recettes, par exemple dans les quenelles d'okara de chanvre (voir page 129).

LAIT DE CHANVRE

POUR 4 PERSONNES
PRÉPARATION : 10 MINUTES
TREMPAGE : 12 HEURES

INGRÉDIENTS : 150 g de graines de chanvre, 1 l d'eau, 1 pincée de sel, sirop d'agave (facultatif).

- Faites tremper les graines de chanvre dans un saladier avec de l'eau pendant 12 heures.
- Jetez l'eau de trempage. Mettez les graines dans un mixeur avec le sel. Commencez à mixer en ajoutant l'eau au fur et à mesure pour obtenir un liquide homogène. Ajoutez du sirop d'agave si vous voulez sucrer votre boisson. Si vous aimez un lait plus corsé, vous pouvez utiliser une quantité supérieure de graines ou réduire la quantité d'eau de la recette.
- Filtrez le lait obtenu dans un tissu propre ou un sac à lait végétal. Gardez l'okara, c'est-à-dire la pulpe des graines qui reste dans le tissu ou le sac à lait, pour une autre utilisation.
- Le lait de chanvre se conserve au réfrigérateur 5 jours maximum.

LE CONSEIL MAGIQUE

Le chanvre est riche de protéines et surtout de vitamine E et d'acides gras essentiels oméga-3 et oméga-6. Sa consommation est conseillée en cas d'hypercholestérolémie et d'hypertension. Ne jetez pas l'okara : il peut être utilisé pour un pain ou une pâtisserie !

LAIT DE NOISETTE

POUR 4 PERSONNES
PRÉPARATION : 10 MINUTES
TREMPAGE : 12 HEURES

INGRÉDIENTS : 100 g de noisettes crues, 1 l d'eau, 1 pincée de sel, sirop d'agave (facultatif).

- Faites tremper les noisettes pendant 12 heures dans un récipient avec de l'eau à température ambiante.
- Égouttez les noisettes. Jetez l'eau de trempage. Mettez les noisettes dans le mixeur avec le sel. Tout en mixant, ajoutez l'eau au fur et à mesure jusqu'à obtenir une consistance homogène. Si vous désirez une boisson plus sucrée, ajoutez un peu de sirop d'agave.
- Filtrez le liquide obtenu dans un tissu propre ou un sac à lait végétal afin de séparer l'okara, la pulpe des noisettes, du lait.
- Conservez le lait au réfrigérateur pendant 5 jours maximum.

LE CONSEIL MAGIQUE

Si vous souhaitez un résultat plus crémeux, n'hésitez pas à doubler la dose d'oléagineux. Le but est d'obtenir une boisson qui vous plaît ! La noisette est très digestible, nutritive et reminéralisante, elle est riche en calcium. Elle contient protéines, fer, zinc, phosphore, magnésium, provitamines A et vitamines B, D et E.

BEURRE D'AMANDE

POUR 1 BLOC
PRÉPARATION : 10 MINUTES

INGRÉDIENTS : 300 g d'amandes avec leur peau.

- Toaster les amandes dans un four ventilé à 40 degrés pendant 10 min. Versez les amandes encore chaudes dans un mixeur très puissant.
- Vous allez procéder par étape en faisant des pauses pour ne pas chauffer encore plus la préparation. Faites au moins une pause de 10 minutes toutes les 2 minutes de mixage pour laisser le temps à la purée d'amande de refroidir.
- Mixez jusqu'à obtention d'une pâte homogène.

LE CONSEIL MAGIQUE

Vous pouvez réaliser ce beurre avec d'autres fruits à coques et en faire varier la consistance selon la préparation à laquelle vous l'intégrerez.

Si vous avez le temps, faites tremper les fruits à coque pendant une nuit avant de les utiliser.

Si vous désirez une pâte à tartiner, recherchez une consistance plutôt ferme, ou ajoutez un peu d'huile d'amande ou neutre pour obtenir un mélange plus onctueux.

Les pousses

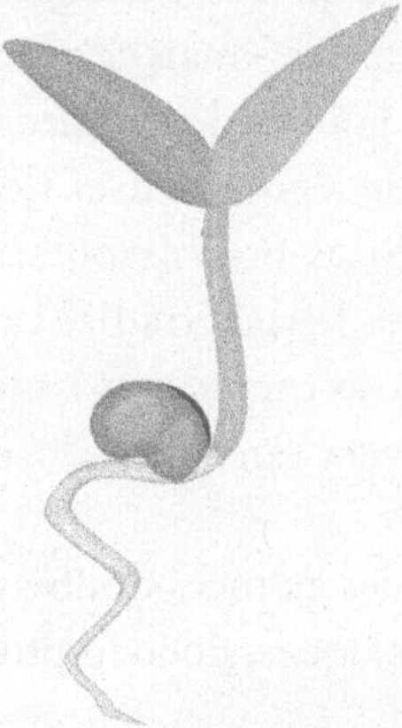

COMMENT FAIRE GERMER LES GRAINES ?

La variété des graines qu'il est possible de faire germer est très large. Les principales – mais ce ne sont pas les seules – sont les suivantes : graines de céréales (avoine, épeautre, seigle…), graines de légumineuses (lentilles, alfalfa...), graines d'oléagineuses (tournesol, sésame…), graines de légumes et fines herbes (radis, carotte, fenouil...). Toutes ces graines, non traitées et issues de l'agriculture biologique, se trouvent sans difficulté dans les magasins bio.
Attention : les graines germées d'aubergine, de tomate et de rhubarbe sont toxiques, donc impropres à la consommation alimentaire.

DE QUOI A-T-ON BESOIN ?

On trouve dans le commerce des bocaux prévus pour la germination, qui ont l'avantage de pouvoir être inclinés, ou des germoirs mais, pour commencer, vous pouvez essayer de faire germer vos graines avec un grand récipient ou un bocal en verre et une passoire.

LES ÉTAPES DE LA GERMINATION

- Faites tremper les graines dans de l'eau à température ambiante pendant une nuit.
- Le premier jour : mettez 1 c. à s. de graines dans votre bocal, ajoutez de l'eau de manière à ce qu'il y ait 5 cm

d'eau au-dessus des graines. Couvrez le sommet du bocal avec un tissu aéré maintenu à l'aide d'un élastique et laissez tremper les graines pendant au moins 8 à 10 heures.

- Le deuxième jour : versez les graines dans une passoire, rincez-les sous l'eau, égouttez-les et remettez-les dans le bocal. Couvrez le sommet avec le torchon et inclinez le bocal pour permettre l'écoulement de l'eau de rinçage. Répétez l'opération de lavage et d'égouttage encore deux fois dans la journée. Placez le bocal dans un endroit aéré et en obscurité.
- Le troisième jour : vous devriez voir germer les graines. Continuez à les rincer et à les égoutter deux fois dans la journée afin d'éviter les moisissures.
- Le quatrième jour : les graines les plus petites sont prêtes à être consommées ; pour les plus grosses, continuez à rincer deux fois par jour jusqu'à ce qu'elles atteignent 3 à 4 cm de long.
- Vous pouvez conserver vos graines au réfrigérateur pendant 3 à 4 jours.

LE CONSEIL MAGIQUE

En cas de mauvaises conditions de culture, (trop d'humidité ou une chaleur mal adaptée), des moisissures peuvent apparaître. Dans ce cas, les germes dégagent une odeur de pourriture ou de moisissure, et sont impropres à la consommation !

Les jus, les smoothies et les boissons

CAPPUCCINO À LA BANANE

POUR 1 TASSE
PRÉPARATION : 10 MINUTES
TREMPAGE : 4 HEURES

INGRÉDIENTS : 2 bananes bien mûres, 4 dattes, ½ c. à c. de farine de caroube

- Réhydratez les dattes pendant 4 heures dans un peu d'eau.
- Mixez les dattes avec un petit peu de leur eau afin d'obtenir une crème homogène.
- Dans un bol, battez une petite cuillerée de cette crème avec une fourchette afin d'obtenir une mousse.
- Mixez les bananes et ajoutez la crème de datte non fouettée jusqu'à obtention d'une crème homogène.
- Versez la crème obtenue dans une tasse, déposez la mousse de datte dessus et, pour parfaire l'effet capuccino, saupoudrez d'un peu de farine de caroube.

LE CONSEIL MAGIQUE

La caroube est le fruit du caroubier, un arbre originaire des régions méditerranéennes. Elle a de nombreuses propriétés diététiques, une faible teneur en matières grasses, elle contient des fibres et du calcium et elle est un bon substitut du cacao grâce à son goût doux et délicat.

CHOCOLAT À LA MACA

Pour se réveiller en douceur

POUR 4 PERSONNES
PRÉPARATION : 5 MINUTES

INGRÉDIENTS : 80 cl de lait d'amande, 8 c. à c. de cacao, 4 c. à c. de poudre de maca.

- Mixez le lait d'amande avec le cacao et la poudre de maca pendant quelques minutes. Servez.

LE CONSEIL MAGIQUE

La maca est aussi appelée le ginseng péruvien, car elle ne croît que sur certains hauts plateaux des Andes (3 500 m à 4 500 m d'altitude) au Pérou et, dans une moindre mesure, en Bolivie. Elle est connue pour ses nombreuses vertus médicales. Elle traite ainsi ou soulage une foule de maux : troubles de la sexualité et de la procréation, affaiblissement du système immunitaire, anémie, tuberculose, troubles menstruels, symptômes de la ménopause, constipation, douleurs articulaires, dépression, etc.

LAIT DE COCO, MANGUE ET GRAINES DE CHANVRE

Fraîcheur d'été

POUR 4 PERSONNES
PRÉPARATION : 15 MINUTES
TREMPAGE : 10 MINUTES

INGRÉDIENTS : 400 g de farine de noix de coco, 250 g de mangue, 60 g de graines de chanvre, 5 dattes, 1 l d'eau.

- Faites trempez les dattes et les graines de chanvre dans un peu d'eau pendant 10 minutes.
- Pendant ce temps, pelez la mangue et coupez-la en morceaux.
- Égouttez les dattes et les graines de chanvre. Mixez-les avec la mangue, la farine de noix de coco et l'eau jusqu'à obtention d'une boisson homogène.
- Dégustez froid.

LE CONSEIL MAGIQUE

Si vous désirez obtenir une boisson plus parfumée, vous pouvez ajouter des épices comme de la vanille, de l'anis étoilé ou du gingembre. C'est une boisson parfaite pendant l'été, car elle est très rafraîchissante. Elle contient des sucres, des fibres et des protéines.

SMOOTHIE SARRASIN, AMANDE ET LUCUMA

Super-énergisante

POUR 4 PERSONNES
PRÉPARATION : 10 MINUTES

INGRÉDIENTS : 60 cl de lait d'amande, 150 g de farine de sarrasin, 100 g d'amandes, 15 g de poudre de lucuma, 50 g de sucre de coco, 1 c. à s. de protéines de chanvre, 1 c. à c. de poudre de thé vert matcha.

- Mixez la farine de sarrasin et les amandes jusqu'à obtention d'une poudre assez fine. Ajoutez la poudre de lucuma, le sucre de coco, les protéines de chanvre et le thé matcha. Vous obtiendrez une poudre fine.
- Versez le lait d'amande petit à petit tout en continuant à mixer. Votre smoothie doit être bien homogène.

LE CONSEIL MAGIQUE

La poudre obtenue suite au broyage de la farine et des amandes et additionnée de la poudre de lucuma peut aussi être utilisée pour agrémenter du riz cru, des yaourts ou un porridge. Conservez-la dans un récipient bien fermé, au réfrigérateur et à l'abri de la lumière, pendant 1 semaine. Cette recette, idéale pour bien commencer la journée, est riche en sel minéraux, vitamines, fibre et protéines.

SMOOTHIE FRUIT DU DRAGON, LAIT D'AMANDE, ÉPINARDS ET GRAINES DE CHIA

Les épinards deviennent exotiques

POUR 4 PERSONNES
PRÉPARATION : 5 MINUTES

INGRÉDIENTS : 4 fruits du dragon, 80 cl de lait d'amande, 300 g de pousses d'épinards, 50 g de sucre de coco ou 6-7 dattes, 2 c. à s. de graines de chia.

- Coupez les fruits du dragon en deux et enlevez la pulpe avec une cuillère. Lavez les pousses d'épinards.
- Mixez tous les ingrédients jusqu'à obtenir une boisson homogène.

LE CONSEIL MAGIQUE

Les graines de chia, comme les graines de lin, sont mucilagineuses et forment un gel lorsqu'on les fait tremper dans un liquide. Cette propriété les rend très utiles en cuisine car elle permettent d'épaissir les préparations. De plus, elles ont de nombreux bénéfices pour la santé. Elles contiennent des oméga-3 et oméga-6, précieux contre le cholestérol, et des antioxydants, qui aident à combattre le stress oxydatif. Elles sont riches en fibres et en protéines et sont énergisantes. Le fruit du dragon, aussi appelé pitaya, est un fruit de la même famille que les cactus. Sa pulpe recèle des oméga-3, des vitamines B1, B2, B3, C et A, des fibres, du calcium et des oligo-éléments.

JUS DE BETTERAVE, POMME, CAROTTE, POIRE ET MENTHE

Un jus d'hiver goûteux et frais

POUR 4 PERSONNES
PRÉPARATION : 10 MINUTES

INGRÉDIENTS : 500 g de betteraves, 4 pommes, 4 carottes, 3 poires, 4 feuilles de menthe.

- Pelez les betteraves, les pommes, les carottes et les poires. Coupez-les en morceaux.
- Mettez les fruits dans la centrifugeuse, mixez pour obtenir le jus, mélangez bien et ajoutez les feuilles de menthe ciselées. Buvez aussitôt.

LE CONSEIL MAGIQUE

Si vous utilisez des fruits biologiques, il n'est pas nécessaire de les peler avant de les broyer. La peau des fruits est la zone où se concentrent le plus d'antioxydants et de vitamines.

SMOOTHIE AVOINE, KIWI, BANANE ET GRAINES

L'énergie immédiate

POUR 4 PERSONNES
PRÉPARATION : 10 MINUTES

INGRÉDIENTS : 200 g de farine d'avoine, 4 kiwis, 2 bananes, 60 cl de lait d'amande, 100 g de graines de tournesol, 50 g de graines de chia, 3 c. à s. de malt de riz, le jus d'1 citron.

- Mixez la farine d'avoine, les graines de tournesol et les graines de chia pour obtenir une farine homogène.
- Pelez les fruits et ajoutez-les dans le mixeur avec le lait d'amande, le malt de riz et le jus de citron. Mixez jusqu'à obtention d'une boisson homogène.

LE CONSEIL MAGIQUE

Pour un smoothie encore meilleur, vous pouvez faire votre farine d'avoine maison en pilant des graines d'avoine dans un mortier. Cette farine peut ensuite être conservée au réfrigérateur pour d'autres recettes.

EAUX AROMATISÉES

Deux variantes de boissons très fraîches à conserver au réfrigérateur et parfaites après le sport

POUR 4 PERSONNES
PRÉPARATION : 10 MINUTES
REPOS : 1 NUIT

ARÔME FRUITS ROUGES

INGRÉDIENTS : 1 l d'eau, 2 oranges, 100 g de myrtilles, 100 g de fraises, 100 g de framboises.

- Coupez les oranges en morceaux en conservant leur peau. Coupez les fraises en morceaux. Écrasez les myrtilles et les framboises.
- Mettez les fruits avec l'eau dans une carafe. Faites macérer au réfrigérateur pendant une nuit. Buvez froid.

ARÔME CONCOMBRE ET CITRON VERT

INGRÉDIENTS : 1 l d'eau, 1 concombre, 1 citron vert, 1 branche de romarin.

- Lavez et coupez le concombre et le citron vert en morceaux en conservant la peau.
- Mettez le concombre, le citron vert, la branche de romarin dans l'eau et faites macérer au réfrigérateur pendant une nuit. Buvez bien frais.

LE CONSEIL MAGIQUE

Consommez ces eaux aromatisées très fraîches en été. Elles peuvent être préparées de mille façons différentes avec des fruits de saison. Vous pouvez aussi remplacer l'eau par un jus de fruits de votre choix préparé dans votre mixeur.

MATCHA LATTE, BANANE ET MENTHE

POUR 4 PERSONNES
PRÉPARATION : 5 MINUTES

INGRÉDIENTS : 80 cl de lait d'amande, de lait de noix de cajou ou de lait de coco, 1 c. à c. de poudre de thé vert matcha, 2 bananes, 4 feuilles de menthe, 2 c. à s. de sirop d'agave.

- Écrasez les bananes avec une fourchette pour obtenir une purée homogène.
- À part, délayez le thé matcha avec un peu d'eau tiède, ajoutez 3 c. à s. de lait d'amande et le sirop d'agave. Ajoutez le reste du lait petit à petit et intégrez les bananes écrasées.
- Versez dans des verres et déposez les feuilles de menthe ciselées sur le dessus.

LE CONSEIL MAGIQUE

Le thé matcha est un thé vert frais japonais, notamment utilisé dans certaines cérémonies et rituels bouddhistes. Conservez-le au réfrigérateur dans un récipient hermétique pour ne pas qu'il s'oxyde. Ses vertus et ses bienfaits sont innombrables. Il contient entre autres des antioxydants appelés catéchines qui ont une action anti-tumorale et anti-radicaux libres.

JUS SANTÉ

POUR 4 PERSONNES
PRÉPARATION : 10 MINUTES

Ingrédients : 500 g de pastèque, 100 g de céleri branche, 50 g de pousses d'épinard, 4 carottes, 3 pommes, jus d'½ citron, 30 g de graines de chanvre, 200 g de melon, 1 petit morceau de gingembre.

- Rincez tous les légumes et les fruits. Pelez et coupez la pastèque, les carottes et le melon en morceaux. Coupez les pommes et le céleri en morceaux. Pelez le gingembre.
- Mettez tous les ingrédients, sauf les graines, dans la centrifugeuse. Quand le jus est prêt, ajoutez les graines.
- Servez tout de suite ce jus bien frais.

LE CONSEIL MAGIQUE

Si vous n'aimez pas les épinards, vous pouvez les remplacer par du thé matcha.

SMOOTHIE ONCTUEUX

Énergisant

POUR 4 PERSONNES
PRÉPARATION : 20 MINUTES
TREMPAGE : 2 HEURES

INGRÉDIENTS : 200 g de noix de cajou, 50 g de graines de tournesol, 50 g de graines de lin, 50 g de baies de goji, 5 dattes, 80 cl de lait d'amande sucré, 1 mangue, 3 poires mûres.

- Faites tremper les noix de cajou dans de l'eau à température ambiante pendant 2 heures. Dénoyautez les dattes et faites-les tremper également pendant 2 heures dans de l'eau à température ambiante. Réhydratez les baies de goji dans un peu d'eau tiède pendant 2 heures.
- Lorsque les 2 heures sont écoulées, pelez la mangue et les poires et coupez-les en morceaux.
- Mixez tous les ingrédients dans un mixeur jusqu'à obtention d'un smoothie lisse. Servez tout de suite.

LE CONSEIL MAGIQUE

Si vous souhaitez un smoothie encore plus riche et épais, vous pouvez ajouter des noix de cajou. C'est un smoothie parfait avant le sport, riche et énergisant.

SMOOTHIE ORANGE À LA COURGE

Une boisson pour le deuxième chakra !

POUR 4 PERSONNES
PRÉPARATION : 20 MINUTES

INGRÉDIENTS : 400 g de courge, 4 kakis, 1 c. à c. de cannelle en poudre, 1 c. à c. de gingembre en poudre, 40 cl de lait d'amande.

- Pelez et coupez la courge en petits morceaux. Pelez les kakis.
- Mixez tous les ingrédients dans le blender jusqu'à obtenir la consistance désirée. Vous pouvez ajuster le lait d'amande et en rajouter pour un smoothie plus liquide.

LE CONSEIL MAGIQUE

Pour un smoothie encore plus original, ajoutez un peu de muscade ou de piment d'Espelette.

GREEN SMOOTHIE

Pour booster votre énergie

POUR 4 PERSONNES
PRÉPARATION : 20 MINUTES

INGRÉDIENTS : 2 pommes Granny Smith, 1 avocat, 3 kiwis, 400 g d'épinards, eau.

- Pelez les kiwis et l'avocat, lavez les épinards.
- Introduisez tous les fruits et légumes dans le blender et mixez en ajoutant de l'eau au fur et à mesure jusqu'à obtenir la consistance désirée.

LE CONSEIL MAGIQUE

Dans ce smoothie, le fer, dont sont très riches les épinards, est encore mieux assimilé grâce à la présence de la vitamine C des kiwis. Ce smoothie est un « booster » plein de vitamines et d'antioxydants.

BOISSON MYRTILLES, GRENADE, BAIES DE GOJI ET BAIES D'AÇAI

Des antioxydants en vrac

POUR 4 PERSONNES
PRÉPARATION : 5 MINUTES
TREMPAGE : 2 HEURES

INGRÉDIENTS : 250 g de myrtilles, 500 ml de jus de grenade (acheté ou préparé avec la centrifugeuse), 100 g de baies de goji, 70 g de baies d'açai, 4 dattes.

- Dénoyautez les dattes et laissez-les tremper 2 heures dans un peu d'eau pour les réhydrater. Faites de même avec les baies de goji.
- Mixez tous les ingrédients dans un mixeur jusqu'à obtention d'une boisson homogène. Servez aussitôt.

LE CONSEIL MAGIQUE

L'açai est le fruit d'un palmier d'Amérique du Sud. On lui attribue surtout des propriétés antioxydantes, anti-inflammatoires et toniques.

JUS D'ANANAS, FENOUIL, POIRE ET PAPAYE

Super-bon

POUR 4 PERSONNES
PRÉPARATION : 10 MINUTES

INGRÉDIENTS : 350 g d'ananas, 2 fenouils, 500 g de poires, 1 papaye.

- Pelez l'ananas, les poires et la papaye et coupez-les en morceaux. Lavez le fenouil et coupez-le en morceaux.
- Mettez tous les ingrédients dans la centrifugeuse et récupérez le jus. Versez dans quatre verres et servez immédiatement.

LE CONSEIL MAGIQUE

L'ananas pour le botaniste est un « faux fruit ». Dans certains pays, il est cuisiné comme un légume et associé à nombreux plats salés. La plante de l'ananas ainsi que son fruit contiennent de la broméline, un enzyme qui exercerait de multiples actions : anti-inflammatoire, anti-tumorale, anti-œdémateuse, en plus d'aider à la digestion et d'améliorer les systèmes circulatoire et cardio-vasculaire.

BOISSON À LA GELÉE ROYALE

Très doux et bon

POUR 4 PERSONNES
PRÉPARATION : 5 MINUTES

INGRÉDIENTS : 1 c. à s. de gelée royale, 2 c. à s. de miel ou de malt de riz, 2 bananes, 300 g de fruits rouges mélangés (myrtilles, fraises, framboises…), 50 cl de lait d'amande.

- Mixez tous les ingrédients de façon à obtenir une boisson homogène. Versez dans des verres et servez aussitôt.

LE CONSEIL MAGIQUE

La gelée royale est la nourriture de la reine des abeilles. Elle améliore le métabolisme des cellules, aide à combattre le stress, la fatigue, la dépression, augmente la vitalité générale et ralentit le vieillissement. Elle doit être conservée dans le réfrigérateur entre 0 °C et 5 °C.

SMOOTHIE MENTHE ET MANGUE

Une recette d'été

POUR 4 PERSONNES
PRÉPARATION : 10 MINUTES

INGRÉDIENTS : 3 mangues mûres, 4 c. à s. de jus de citron, édulcorant naturel (agave ou stevia), 12 feuilles de menthe, 1 l d'eau.

- Pelez et dénoyautez les mangues, puis coupez-les en morceaux.
- Mixez tous les ingrédients dans le blender de façon à obtenir une boisson homogène.

LE CONSEIL MAGIQUE

En été, utilisez de l'eau glacée pour obtenir une boisson encore plus rafraîchissante ou remplacez l'eau par de l'eau de coco pour une boisson plus exotique.

SMOOTHIE CORIANDRE, CONCOMBRE, POMME ET SPIRULINE

Un smoothie 100 % détox

POUR 4 PERSONNES
PRÉPARATION : 10 MINUTES

INGRÉDIENTS : 2 pommes, 2 bouquets de coriandre fraîche, 2 concombres, 800 ml d'eau, 2 c. à c. de spiruline.

- Pelez les concombres et épépinez-les pour les rendre plus digestes. Si elles ne sont pas bio, pelez les pommes. Retirez leurs cœurs et coupez-les en morceaux.
- Mixez tous les ingrédients dans le blender de façon à obtenir un smoothie homogène.

LE CONSEIL MAGIQUE

Si vous utilisez des fruits biologiques, ne pelez pas les pommes. Leur peau contient de l'acide ursolique, qui aide à maintenir les muscles sains, a des propriétés anti-inflammatoires, prévient le cholestérol et augmente la production de collagène.

BOISSON À L'ALOE VERA

Le bon petit déjeuner

POUR 4 PERSONNES
PRÉPARATION : 15 MINUTES
TREMPAGE : 20 MINUTES

INGRÉDIENTS : 4 grandes feuilles d'aloe vera, 30 cl de lait d'amande ou de noisette, 3 c. à c. de sirop d'agave, 2 dattes, 40 g de noisettes.

- Réhydratez les dattes dans un peu d'eau à température ambiante pendant 20 minutes.
- Pendant ce temps, prélevez le gel de l'aloe vera (voir ci-dessous).
- Mixez les noisettes pour obtenir une poudre fine, puis ajoutez tous les autres ingrédients jusqu'à obtention d'une boisson homogène.

LE CONSEIL MAGIQUE

Pour récupérer le gel de l'aloe vera, coupez tout d'abord les extrémités : la pointe et la base, puis coupez les côtés où se trouvent les épines. Passez un couteau sous la peau verte épaisse et prélevez la pulpe gélatineuse et un peu poisseuse.

Les salades

SALADE DE CHOUX, BETTERAVES ET POUSSES DE GRAINES DE LIN

Une salade nutritive

POUR 4 PERSONNES
PRÉPARATION : 20 MINUTES

INGRÉDIENTS : 1 chou blanc, ½ chou rouge, 2 betteraves crues, 1 carotte, 80 g de pousses de graines de lin, le jus d'1 citron, 3 c. à s. d'huile d'olive, sel, poivre.

- Coupez le chou blanc et le chou rouge très finement. Pelez les betteraves et la carotte et râpez-les à l'aide d'une mandoline ou d'une râpe.
- Préparez l'assaisonnement en mélangeant le jus de citron, l'huile d'olive, le sel et le poivre.
- Mélangez les légumes et les pousses de graines de lin dans un saladier et versez la sauce dessus. Servez tout de suite.

LE CONSEIL MAGIQUE

Conservez les graines de lin dans un pot hermétique au réfrigérateur et à l'abri de la lumière. Les graines de lin sont une des rares sources végétaliennes d'acides gras oméga-3 et oméga-6.

SALADE DE POUSSES, MANGUE, ALGUES, PÊCHES ET AMANDES

Une salade un peu orientale

POUR 4 PERSONNES
PRÉPARATION : 10 MINUTES

INGRÉDIENTS : 300 g de pousses mixtes (radis, poireaux, haricots azuki...), 1 mangue, 3 pêches, 2 feuilles d'algue nori, 80 g d'amandes hachées, 3 c. à s. d'huile d'olive, le jus d'1 citron, sel, poivre.

- Pelez la mangue et les pêches, dénoyautez-les et coupez-les en petits dés.
- Mettez les pousses, les fruits coupés, l'algue nori émiettée et les amandes hachées dans un saladier.
- Dans un bol, mélangez l'huile d'olive et le jus de citron, salez et poivrez. Versez sur la salade, mélangez et servez.

LE CONSEIL MAGIQUE

Pour avoir un bon apport et une meilleure absorption des protéines, vous pouvez utiliser des pousses de céréales telles que le riz, l'orge ou le froment associées à des pousses de légumineuses comme les pois chiches, les pois, les haricots. Avec le gras contenu dans l'amande, vous aurez un plat complet.

SALADE DE CINQ COULEURS

Tous les antioxydants dans une assiette

POUR 4 PERSONNES
PRÉPARATION : 10 MINUTES

INGRÉDIENTS : 2 betteraves crues, 2 carottes, 300 g d'épinards, 1 poivron jaune, 1 oignon blanc, 200 g de tomates, 1 avocat, 1 c. à c. de gomasio, 1 c. à s. de levure maltée, 2 c. à s. d'huile d'olive, le jus et le zeste d'1 citron.

- Pelez et râpez les betteraves et les carottes. Lavez le poivron et les tomates et coupez-les en petits dés. Coupez très finement l'oignon. Enlevez le noyau de l'avocat et coupez-le en petits morceaux. Lavez les épinards.
- Dans un saladier, composez la salade avec tous les ingrédients préparés.
- Ajoutez le gomasio, la levure, l'huile, le jus et le zeste de citron. Mélangez et dégustez.

LE CONSEIL MAGIQUE

On devrait consommer tous les jours cinq portions de légumes et de fruits de couleurs différentes, car chaque couleur correspond à des antioxydants. Ce sont eux qui donnent leur couleur aux fruits et aux légumes. Ils jouent un rôle fondamental dans l'équilibre de la cellule et ont notamment une action anti-tumorale.

SALADE D'ORANGES, ALGUES ET FENOUIL

L'iode dans l'assiette

POUR 4 PERSONNES
PRÉPARATION : 10 MINUTES

INGRÉDIENTS : 6 oranges, 3 fenouils, 4 c. à s. de flocons d'algues nori et dulse, 3 c. à s. de gomasio ou de spiruline, le jus d'1 citron, 3 c. à s. d'huile d'olive.

- Pelez les oranges à vif et coupez-les en morceaux. Lavez et coupez les fenouils en tranches assez fines.
- Préparez l'assaisonnement en mélangeant le jus de citron et l'huile d'olive.
- Mélangez l'orange et le fenouil dans un saladier, parsemez de flocons d'algue et de gomasio et versez l'assaisonnement. Servez tout de suite.

LE CONSEIL MAGIQUE

Le gomasio est une préparation japonaise à base de graines de sésame et de sel. En japonais, *goma* veut dire sésame et *sio*, sel. Il existe des variantes avec de la spiruline, du curcuma ou sans sel... C'est très goûteux et c'est parfait pour assaisonner les salades. Les algues sont de vrais superaliments qui contiennent beaucoup de sels minéraux et de vitamines, principalement du groupe B. Les flocons sont la façon la plus simple de les manger crues, sinon elles peuvent être assez dures et coriaces.

SALADE D'ARTICHAUTS VIOLETS, TOPINAMBOURS ET CHAMPIGNONS

La chaleur du cœur

POUR 4 PERSONNES
PRÉPARATION : 30 MINUTES
REPOS : 30 MINUTES

INGRÉDIENTS : 10 artichauts violets, 300 g de topinambours, 200 g de champignons, 50 g de noisettes entières ou concassées, le jus de 2 citrons, 3 c. à s. d'huile d'olive, 1 branche de thym, 3 c. à c. de persil haché, 1 pincée de sel, poivre.

- Nettoyez les artichauts. Coupez les pointes et le pied et ôtez les feuilles extérieures pour ne conserver que les plus tendres. Coupez-les en deux, enlevez la barbe et coupez le reste en petites tranches longitudinales. Mettez-les dans un récipient avec de l'eau et le jus d'un citron pour éviter l'oxydation.
- Pelez les topinambours et coupez-les très finement avec une mandoline. Nettoyez les champignons, coupez-les en fines lamelles et ajoutez-les aux topinambours. Versez dessus 2 c. à s. de jus de citron et 1 c. à s. d'huile d'olive et laissez mariner pendant 30 minutes.

→

- Mélangez les artichauts, les topinambours et les champignons dans un saladier, ajoutez les noisettes, le jus de citron restant, 2 c. à s. d'huile, le thym émietté et le persil. Salez, poivrez et dégustez !

LE CONSEIL MAGIQUE

Plus les topinambours restent à mariner avec le jus de citron, mieux c'est, car ils deviennent plus tendres tout en gardant leur croquant. Vous pouvez utiliser les noisettes entières ou concassées. Pour les concasser, mettez-les dans un sachet et écrasez-les avec un rouleau à pâtisserie.

SALADE DE GRENADE, POIRES ET NOIX

POUR 4 PERSONNES
PRÉPARATION : 15 MINUTES

INGRÉDIENTS : 1 grenade, 3 poires bien mûres, 300 g de pousses d'épinards, 200 g de roquette, 50 g de noix concassées, 2 c. à s. d'huile d'olive, 1 c. à c. de malt de riz, 1 pincée de sel, poivre.

- Coupez la grenade en deux, retournez-la face contre le plan de travail et battez sa peau avec une grande cuillère pour en faire tomber les graines. Éliminez les parties blanches qui peuvent rester attachées aux graines car elles sont amères. Pelez les poires et coupez-les en petits morceaux. Lavez les épinards et la roquette.
- Mettez les poires coupées, les graines de grenade, les épinards, la roquette et les noix dans un saladier.
- Dans un bol, mélangez le malt, l'huile, le sel et le poivre et versez sur la salade. Mélangez et dégustez.

LE CONSEIL MAGIQUE

La grenade est le fruit du grenadier, un arbre originaire de Perse. On la récolte depuis plusieurs siècles dans différents pays méditerranéens, ainsi qu'en Asie centrale. Lorsque vous la choisissez, veillez à ce que son écorce soit lisse, brillante, et non desséchée, sa couleur brun orangé ou rouge et qu'elle soit bien lourde. Plus elle sera lourde, plus elle sera juteuse !

SALADE DE MANGUE, AVOCAT ET FRAISES AU TAHIN

Quand arrive l'été

POUR 4 PERSONNES
PRÉPARATION : 20 MINUTES

INGRÉDIENTS : 250 g de fraises, 1 avocat, 400-600 g de mangue, 120 g de radis, 1 petit oignon, 120 g de concombre, le jus d'1 citron, 2 c. à s. d'huile d'olive, 5 feuilles de coriandre, 1 c. à s. d'huile de lin, 3 c. à c. de tahin, 1 pincée de sel.

- Lavez et coupez les fraises en morceaux. Pelez les mangues et l'avocat et coupez-les en petits carrés. Coupez l'oignon très finement (vous pouvez utiliser une mandoline). Coupez les radis et le concombre en rondelles. Versez l'ensemble dans un saladier.
- Dans un bol, mélangez le jus de citron, les huiles, les feuilles de coriandre ciselées, le tahin et le sel. Ajoutez cet assaisonnement à la salade et mélangez. Dégustez tout de suite.

LE CONSEIL MAGIQUE

Le tahin, ou crème de sésame, est préparé en mixant les graines de sésame longtemps et fortement dans un mixeur très puissant. Attention, il existe aussi des versions préparées avec des graines grillées (donc pas crues !). Cette crème est une source importante de calcium et de protéines.

SALADES DE POUSSES À L'ORIENTALE

Une salade pleine de protéines

POUR 4 PERSONNES
PRÉPARATION : 10 MINUTES

INGRÉDIENTS : 300 g de pousses de pois chiches, 300 g de pousses de riz, 200 g de pousses de haricots rouges, 100 g de pousses de lin, 3 c. à c. de gingembre haché, 1 gousse d'ail hachée, 3 c. à s. de sauce soja, 3 c. à s. de flocons d'algues mixtes, 1 c. à c. de curcuma, 3 c. à s. d'huile d'olive, 3 c. à c. de levure maltée ou de gomasio.

- Mélangez toutes les pousses dans un grand saladier. Ajoutez les flocons d'algues.
- Préparez l'assaisonnement avec l'huile, la levure maltée, le gingembre, l'ail, la sauce soja et le curcuma. Parsemez-en les pousses. Mélangez et servez aussitôt.

LE CONSEIL MAGIQUE

Cette salade est une source incroyable de protéines et elle est pleine d'antioxydants et de sels minéraux. Vous pouvez aussi ajouter un avocat ou des légumes pour la rendre encore plus riche.

SALADE DE CHOU-RAVE, POMMES ET POIRES

Une salade d'hiver riche en vitamine C

POUR 4 PERSONNES
PRÉPARATION : 15 MINUTES

INGRÉDIENTS : 1 chou-rave, 2 pommes, 2 poires, 3 c. à s. d'huile d'olive, 1 c. à c. de miel, 1 c. à c. de citron, une botte de ciboulette

- Épluchez le chou-rave et détaillez-le en petits cubes (en macédoine). Faites de même avec les pommes et les poires. Versez dans un saladier.
- À part, faites votre assaisonnement : mettez dans un bol le miel et le citron, ajoutez l'huile et fouettez. Versez l'assaisonnement sur la salade, mélangez et décorez avec la ciboulette ciselée.

LE CONSEIL MAGIQUE

Le chou-rave fait partie des légumes oubliés, mais il est plein de vitamine C et c'est un aliment idéal pour affronter l'hiver. Son goût est proche de celui du navet, doux et légèrement sucré.

SALADE DE TOPINAMBOURS AU SEL, ORANGES ET KIWIS

POUR 4 PERSONNES
PRÉPARATION : 15 MINUTES
REPOS : 1 HEURE

INGRÉDIENTS : 2 gros topinambours d'environ 200 g chacun, 150 g de gros sel, 2 c. à s. d'huile de noisette, 10 tiges de cerfeuil frais, 2 kiwis, 2 oranges.

- Coupez les excroissances des topinambours pour égaliser la surface, épluchez-les et détaillez-les en fines lamelles. Mettez-les dans une passoire et couvrez-les de gros sel. Laissez dégorger à température ambiante pendant au moins 1 heure.
- Pendant ce temps, lavez et séchez le cerfeuil, puis effeuillez-le et ciselez-le. Pelez à vif les oranges puis détaillez-les en petits quartiers. Épluchez les kiwis et détaillez-les en fines tranches.
- Une fois le topinambour prêt, rincez-le à l'eau claire et égouttez-le puis renouvelez cette opération en remuant bien, de façon à ce que les lamelles de topinambour soient totalement débarrassées du sel.
- Dressez la salade et assaisonnez-la avec l'huile de noisette et le cerfeuil.

LE CONSEIL MAGIQUE

Le topinambour est un légume-racine. Il renferme de l'inuline qui contribue à l'équilibre de la flore intestinale. L'inuline peut être considérée comme un prébiotique naturel.

SALADE DE CHOU KALE, CHOU VIOLET ET BAIES DE GOJI

POUR 4 PERSONNES
PRÉPARATION : 15 MINUTES

INGRÉDIENTS : 1 chou kale, ½ chou violet, 2 c. à s. de baies de goji, 1 c. à s. de pignons de pin, 1 c. à s. de noisettes concassées, 2 c. à s. d'huile d'olive, sel, poivre.

- Détachez les feuilles du chou kale, lavez-les, retirez la nervure centrale et filandreuse de chaque feuille et hachez les feuilles. Lavez et coupez le demi-chou violet en lamelles. Versez dans un saladier.
- Ajoutez les pignons, les baies de goji et les noisettes dans le saladier. Assaisonnez avec l'huile d'olive, le sel et le poivre.

LE CONSEIL MAGIQUE

Les baies de goji sont réputées être les fruits les plus antioxydants et les plus riches en vitamines et minéraux du monde. Leurs bienfaits sont nombreux. Vous pouvez les intégrer dans vos salades ou vos boissons. Pour profiter de tous leurs bienfaits, il faudrait en consommer 15 à 20 g par jour.

SALADE DE NORI, DULSE ET AVOCATS

POUR 4 PERSONNES
PRÉPARATION : 15 MINUTES

INGRÉDIENTS : 80 g d'algue dulse fraîche, 80 g d'algue nori fraîche, 2 avocats, 4 c. à c. de graines de courge, 2 c. à c. de jus de citron, 3 c. à s. d'huile de sésame, 2 c. à c. de gomasio.

- Dessalez les algues en les faisant tremper dans de l'eau. Assurez-vous de changer plusieurs fois l'eau de trempage. Coupez les pieds et découpez grossièrement les algues.
- Dénoyautez les avocats et détaillez leur chair dans un saladier. Arrosez avec le jus de citron et l'huile de sésame. Mélangez les algues avec l'avocat, ajoutez les graines de courge et saupoudrez avec le gomasio.

LE CONSEIL MAGIQUE

Vous pouvez utiliser d'autres algues fraîches et éventuellement des algues déshydratées en paillettes.

SALADE DE CAROTTES ET DE DAIKONS AU SÉSAME ET AU GINGEMBRE

POUR 4 PERSONNES
PRÉPARATION : 15 MINUTES

INGRÉDIENTS : 5 carottes, 2 daikons (radis blanc), 1 citron vert, 2 rondelles de gingembre frais, 1 c. à s. d'huile de sésame, 1 c. à s. d'huile de maïs.

- Épluchez les carottes et les daikons. Râpez-les plutôt finement.
- Préparez l'assaisonnement : émulsionnez l'huile de sésame avec l'huile de maïs, ajoutez le zeste du citron vert et le gingembre râpé. Versez sur la salade, mélangez et servez bien frais.

LE CONSEIL MAGIQUE

Vous pouvez ajouter de la coriandre ou de la menthe à cette salade ou bien des arachides pour apporter un peu de croquant.

Les soupes

SOUPE DE COURGETTE ET POIS

POUR 4 PERSONNES
PRÉPARATION : 10 MINUTES

INGRÉDIENTS : 3 grosses courgettes, 450 g de petits pois frais, 60 g de levure maltée, 50 g de graines de tournesol, 1 feuille de menthe, 2 c. à c. de lécithine de soja, 3 c. à s. d'huile d'olive, 1 pincée de sel, poivre.

- Lavez et coupez les courgettes en morceaux.
- Mixez tous les ingrédients dans votre mixeur en ajoutant un peu d'eau tiède pour obtenir une soupe un peu plus liquide. Assaisonnez à votre goût.

LE CONSEIL MAGIQUE

Pour obtenir une soupe plus épaisse, ajoutez de l'avocat. La lécithine est nécessaire pour rendre la soupe plus goûteuse mais surtout elle amène de l'onctuosité et de la structure.

SOUPE FROIDE DE PASTÈQUE AU GINGEMBRE ET AU CITRON VERT

Des vitamines en été

POUR 4 PERSONNES
PRÉPARATION : 10 MINUTES

INGRÉDIENTS : 1 petite pastèque ou ½ grande pastèque, 4 dattes, 2 c. à c. de gingembre haché, le jus d'1 citron vert, 4 c. à c. de graines de chia, 5 feuilles de menthe, 1 petite pincée de sel, 10 glaçons.

- Versez tous les ingrédients dans le bol de votre mixeur et mixez bien jusqu'à obtention d'un mélange homogène.
- Mettez dans des verres et servez.

LE CONSEIL MAGIQUE

Comme la tomate, la pastèque contient des antioxydants de couleur rouge appelés lycopène. Elle a une très forte action anti-tumorale, surtout sur la prostate, ainsi qu'une action régulatrice du cholestérol-LDL dans le sang. Le gingembre est connu pour ses propriétés digestives, soigne la nausée et la fièvre, a des propriétés gastro-protectrices et est également un anti-inflammatoire efficace.

SOUPE D'AVOCAT ET NOIX

POUR 4 PERSONNES
PRÉPARATION : 10 MINUTES

INGRÉDIENTS : 3 avocats, 500 g de pousses d'épinards, 100 g de noix, 1 gousse d'ail, 100 g de tomates séchées, le jus de 2 citrons, 1 c. à s. d'huile d'olive, sel, poivre, eau.

- Dans le mixeur, mettez les avocats, les pousses d'épinards, les noix, l'ail, le jus de citron, l'huile d'olive, le sel et le poivre. Ajoutez un peu d'eau tiède pour obtenir une soupe liquide et crémeuse.
- Parsemez avec les tomates, séchées préalablement réhydratées et coupées en petits morceaux. Servez tout de suite.

LE CONSEIL MAGIQUE

Pour choisir un avocat bien mûr, tâtez-le : il doit être légèrement mou sous la pression de vos doigts. Vous pouvez aussi retirer son pédoncule, vous verrez apparaître une partie de sa chair : si elle est vert clair, c'est que l'avocat est bon ; si elle est marron, il est mauvais.

SOUPE DE CÉLERI-RAVE

La délicatesse

POUR 4 PERSONNES
PRÉPARATION : 10 MINUTES
TREMPAGE : 4 HEURES

INGRÉDIENTS : 3 céleris-raves, 150 g de noix de macadamia, 3 c. à s. d'huile d'olive, 1 c. à s. de lécithine de soja, 1 pincée de sel.

- Faites tremper les noix de macadamia dans de l'eau à température ambiante pendant 4 heures.
- Pelez et coupez les céleris-raves en morceaux. Mettez les morceaux de céleri-rave dans la centrifugeuse de façon à en obtenir le jus.
- Égouttez les noix de macadamia et mixez-les avec le jus de céleri-rave, l'huile d'olive, la lécithine et le sel jusqu'à obtention d'une soupe homogène.
- Servez ou conservez au réfrigérateur pendant 2 jours maximum.

LE CONSEIL MAGIQUE

Si vous souhaitez une soupe plus dense, augmentez la quantité de noix de macadamia. Pour amener du croustillant et donner une touche décorative à votre assiette, vous pouvez ajouter de petites pointes de chou-fleur.

SOUPE DE POTIRON AU CURCUMA

POUR 4 PERSONNES
PRÉPARATION : 20 MINUTES
TREMPAGE : 6 HEURES

INGRÉDIENTS : 400 g de potiron, 1 petit morceau de curcuma, 50 g de noix de cajou, 2 c. à s. d'huile d'olive, 1 pincée de sel, poivre, eau.

- Faites tremper les noix de cajou dans de l'eau à température ambiante pendant 6 heures.
- Pelez le potiron et coupez-le en petits morceaux. Mixez le potiron, le curcuma, les noix de cajou et l'huile d'olive dans un mixeur avec un peu d'eau tiède pour obtenir une soupe plutôt lisse. Salez et poivrez.

LE CONSEIL MAGIQUE

Vous pouvez récupérer les graines de potiron et les faire sécher au soleil ou dans un déshydrateur avec 1 pincée de sel. Vous obtiendrez des snacks absolument délicieux.

SOUPE DE PATATE DOUCE ET CAROTTE AU GINGEMBRE

POUR 4 PERSONNES
PRÉPARATION : 20 MINUTES

INGRÉDIENTS : 200 g de carottes, 200 g de patate douce, 1 avocat, 1 petite échalote, 50 g de céleri branche, 1 morceau de gingembre (environ 2 cm), sel, poivre, eau.

- Lavez et épluchez les carottes, la patate douce et l'échalote. Coupez-les grossièrement en morceaux. Pelez le céleri et coupez-le en tronçons. Dénoyautez l'avocat et récupérez sa pulpe à l'aide d'une cuillère.
- Mixez tous les ingrédients. Ajoutez un peu d'eau si le résultat est trop consistant.

LE CONSEIL MAGIQUE

La patate douce est particulièrement riche en vitamines A et B6, en cuivre et en manganèse.

SOUPE VERTE

La chromothérapie verte

POUR 4 PERSONNES
PRÉPARATION : 10 MINUTES

INGRÉDIENTS : 3 branches de céleri, 3 pommes Granny Smith, 400 g d'épinards ou de pousses d'épinards, 2 avocats, quelques feuilles de persil et de basilic, le jus d'1 citron, 1 petit morceau de gingembre (environ 2 cm), 1 pincée de sel, poivre.

- Mixez tous les ingrédients, sauf l'avocat, dans un mixeur en ajoutant de l'eau tiède afin d'obtenir une crème liquide, homogène et plutôt épaisse. Salez et poivrez.
- Ajoutez l'avocat à la fin et mixez. Servez tout de suite.

LE CONSEIL MAGIQUE

Si vous n'aimez pas les épinards, vous pouvez les remplacer par d'autres légumes verts à feuilles, comme les blettes, la salade ou les choux. Au lieu du gingembre, vous pouvez ajouter 1 c. à c. de curcuma en poudre. Cette soupe apporte beaucoup de sels minéraux (surtout du magnésium) et des antioxydants comme la chlorophylle.

SOUPE À LA TOMATE

La chromothérapie rouge

POUR 4 PERSONNES
PRÉPARATION : 10 MINUTES

INGRÉDIENTS : 700 g de tomates bien mûres, 1 oignon rouge, 1 c. à c. de miso, 1 c. à s. de tahin, 2 c. à c. de sirop d'érable ou de sirop de riz, 2 c. à s. d'huile d'olive, 1 pincée de sel, 1 branche de thym (facultatif), eau.

- Lavez et coupez les tomates en petits cubes. Pelez et coupez l'oignon en quatre.
- Mixez tous les ingrédients. Ajoutez de l'eau tiède jusqu'à obtenir la consistance souhaitée. Vous pouvez parsemer votre soupe de quelques feuilles de thym. Servez et dégustez.

LE CONSEIL MAGIQUE

Vous pouvez remplacer la tomate par de la pastèque pour obtenir une soupe plus douce, ou encore ajouter des poivrons rouges et des herbes de Provence.

SOUPE DU SOLEIL

La chromothérapie jaune

POUR 4 PERSONNES
PRÉPARATION : 10 MINUTES

INGRÉDIENTS : le jus de 2 oranges, 3 carottes, 400 g de potiron, 3 poivrons jaunes, 2 c. à s. d'huile d'olive, 2 c. à s. de tahin, 50 g de graines de lin, quelques feuilles de menthe, 1 pincée de sel, poivre, eau.

- Pelez les carottes, le potiron et les poivrons. Enlevez les graines des poivrons et du potiron. Coupez les légumes en petits cubes.
- Mixez-les avec le reste des ingrédients et ajoutez de l'eau jusqu'à obtenir la consistance souhaitée. Servez.

LE CONSEIL MAGIQUE

C'est la soupe parfaite pour la santé de la peau ! L'antioxydant principal contenu dans cette soupe est le bêta-carotène ou provitamine A (rétinol) qui protège les yeux et la peau des dommages causés par l'exposition au soleil.

SOUPE DE LA TERRE

La chromothérapie violette

POUR 4 PERSONNES
PRÉPARATION : 10 MINUTES
TREMPAGE : 30 MINUTES

INGRÉDIENTS : ½ chou rouge, 400 g de betteraves, 5 carottes violettes, 100 g de myrtilles, 50 g de mûres, 100 g de noix de macadamia, 50 g de noisettes, 2 c. à s. d'huile d'olive, 1 pincée de sel, poivre, eau.

- Faites tremper les noix de macadamia et les noisettes pendant 30 minutes.
- Pelez les carottes et les betteraves. Coupez-les en petits morceaux. Coupez aussi le chou assez finement.
- Mixez tous les ingrédients ensemble en ajoutant de l'eau si vous souhaitez une soupe plus liquide. Ajustez l'assaisonnement en sel et en poivre si nécessaire.

LE CONSEIL MAGIQUE

Les anthocyanes sont les antioxydants principaux contenus dans cette soupe. L'un d'entre eux, le resvératrol, se trouve aussi dans le vin rouge.

SOUPE DE CHOU-FLEUR ET FENOUIL

La chromothérapie blanche

POUR 4 PERSONNES
PRÉPARATION : 15 MINUTES

INGRÉDIENTS : 1 chou-fleur, 2 fenouils, 1 branche de céleri, 2 pommes rouges, ½ oignon blanc, 2 c. à s. d'huile d'olive, le jus d'1 citron, 1 pincée de sel, poivre, eau.

- Enlevez les feuilles extérieures du chou-fleur et des fenouils et coupez-les en petits morceaux. Pelez les pommes et l'oignon et coupez-les en morceaux. Coupez le céleri en morceaux.
- Mixez tous les ingrédients et ajoutez de l'eau si vous souhaitez une soupe plus liquide. Servez.

LE CONSEIL MAGIQUE

Les polyphénols sont les antioxydants contenus dans cette soupe. Si vous aimez l'ail, vous pouvez en rajouter pour la rendre encore plus riche. Vous pouvez aussi ajouter du topinambour mariné, du chou blanc, des poireaux ou des champignons de Paris.

SOUPE D'ÉPINARDS, POMME ET NOIX

Une soupe pleine d'antioxydants

POUR 4 PERSONNES
PRÉPARATION : 10 MINUTES

INGRÉDIENTS : 400 g d'épinards, 4 pommes Granny Smith, 200 g de pousses de pois, 100 g de noix concassées, 1 gousse d'ail, le jus d'1 citron, 1 pincée de sel, poivre, eau.

- Pelez les pommes et coupez-les en morceaux.
- Mixez les épinards, les pousses, les pommes, la gousse d'ail et le jus de citron jusqu'à obtention d'une soupe homogène. Ajoutez de l'eau si nécessaire. Salez et poivrez.
- Ajoutez les noix pour décorer et donner un côté croustillant à votre soupe. Servez tout de suite.

LE CONSEIL MAGIQUE

Remplacez les épinards par de la laitue si vous ne les aimez pas. Vous pouvez aussi compléter votre soupe avec des tomates séchées, elle en sera encore meilleure.

SOUPE DE GRENADE, LAIT DE COCO ET NOIX DE CAJOU

Super-bon

POUR 4 PERSONNES
PRÉPARATION : 10 MINUTES
TREMPAGE : 6 HEURES

INGRÉDIENTS : 300 g de graines de grenade, 400 g de lait de coco, 100 g de noix de cajou, 1 branche de thym, 1 c. à c. de piment frais haché, 1 c. à c. de sirop d'agave, 1 pincée de sel, poivre.

- Faites tremper les noix de cajou pendant 6 heures.
- Mixez tous les ingrédients, sauf le thym. Ajoutez du lait de coco si vous souhaitez une soupe plus liquide, ou des noix de cajou et de la grenade si au contraire vous l'appréciez plus épaisse. Si vous aimez la soupe bien lisse, passez-la au chinois.
- Avant de servir, décorez avec les feuilles de thym.

LE CONSEIL MAGIQUE

Un peu acide, la grenade est un excellent ingrédient pour le salé comme pour le sucré. Cette soupe peut ainsi devenir un dessert. En éliminant le piment, le thym et le sel et en ajoutant quelques noix de cajou, 2 c. à s. de malt d'orge, 1 c. à s. de sucre de coco et 2 c. à s. de farine de sarrasin, vous obtiendrez une crème succulente.

SOUPE DE CAROTTE AU GINGEMBRE

Comfort food

POUR 4 PERSONNES
PRÉPARATION : 10 MINUTES
TREMPAGE : 6 HEURES

INGRÉDIENTS : 1 litre de jus de carotte (acheté ou préparé à la centrifugeuse), 500 g de noix de cajou, 20 g de gingembre frais râpé, 1 branche de thym, 1 c. à s. d'huile d'olive, 1 pincée de sel, 1 pincée de poivre.

- Faites tremper les noix de cajou pendant 6 heures pour les attendrir.
- Mettez le gingembre dans le jus de carotte et faites reposer au réfrigérateur pendant 1 heure.
- Mixez les noix de cajou avec l'huile d'olive jusqu'à obtention d'une crème plutôt lisse. Ajoutez le jus de carotte, le thym, le sel et le poivre. Servez à température ambiante ou, si vous le désirez, faites tiédir au bain-marie (sans dépasser les 42 °C).

LE CONSEIL MAGIQUE

Si vous achetez du gingembre frais, pelez-le et râpez-le à l'aide d'une râpe fine ou d'une râpe à gingembre en céramique.

Les plats

SPAGHETTI DE CAROTTE AU PESTO DE NOIX

POUR 4 PERSONNES
PRÉPARATION : 20 MINUTES

INGRÉDIENTS : 4 grandes carottes, 100 g de noix, 10 cl de lait d'amande, 2 c. à s. d'huile d'olive extra-vierge, 5 feuilles de menthe fraîche, sel, poivre.

- Épluchez les carottes puis formez des spaghetti de carotte à l'aide d'un épluche-légumes (on parlera alors plutôt de tagliatelle) ou d'un spiraliseur, qui vous permettra une découpe en forme de spirales.
- Pour le pistou de noix, mixez les noix, le lait d'amande, l'huile d'olive et ajoutez les feuilles de menthe fraîche, sel et poivre. Vous devez obtenir une crème homogène. Si elle est trop ferme, ajoutez de l'huile d'olive.
- Assaisonnez vos spaghetti de carotte avec le pesto de noix et servez.

LE CONSEIL MAGIQUE

Vous pouvez aussi servir ces spaghetti avec un pesto au basilic. Dans ce cas, remplacez les noix par 100 g d'amandes, ajoutez 1 avocat, 20 feuilles de basilic et un peu d'eau jusqu'à trouver la bonne consistance.

FENOUIL À LA CRÈME DE NOIX ET ORANGE

Hyper bon

POUR 4 PERSONNES
PRÉPARATION : 20 MINUTES
TREMPAGE : 6 HEURES

INGRÉDIENTS : 4 fenouils, 350 g de noix, 3 oranges, 1 pincée d'ail en poudre, 3 cl d'huile d'olive, 20 g de graines de pavot, sel, poivre.

- Faites tremper les noix pendant 6 heures.
- Lavez et nettoyez les fenouils. Coupez-les en tranches assez fines.
- Lavez les oranges, zestez-les, puis pressez-les.
- Mixez les noix avec le jus et le zeste d'orange, l'huile d'olive, l'ail et 1 pincée de sel.
- Mettez les tranches de fenouil sur une assiette, assaisonnez avec la crème de noix, 1 pincée de sel et du poivre. Décorez avec les graines de pavot.

LE CONSEIL MAGIQUE

Cette crème de noix et orange peut être utilisée pour assaisonner d'autres plats, comme des spaghetti de betterave, obtenus en détaillant la betterave très finement.

GUACAMOLE

POUR 4 PERSONNES
PRÉPARATION : 10 MINUTES

INGRÉDIENTS : 2 avocats, 1 piment vert, 1 tomate, 3 cl d'huile d'olive, 2 cl de jus de citron vert, 1 petite échalote, 1 pincée de sel, poivre.

- Coupez les avocats en deux, retirez le noyau et récupérez la chair. Pressez-la avec une fourchette de façon à obtenir une crème plutôt grossière.
- Coupez le piment, la tomate et l'échalote en petits cubes et ajoutez-les à l'avocat.
- Ajoutez l'huile d'olive, le jus de citron vert, salez et poivrez. Mélangez bien et servez.

LE CONSEIL MAGIQUE

Vous pouvez servir le guacamole avec des branches de céleri ou des crackers crus, ou l'utiliser pour assaisonner des pâtes crues ou des soupes.

SPAGHETTI DE POTIRON AUX AMANDES ET AU CURCUMA

POUR 4 PERSONNES
PRÉPARATION : 30 MINUTES
REPOS : 30 MINUTES

INGRÉDIENTS : 750 g de potiron, le jus de 3 oranges sanguines, 800 g d'amandes congelées, 4 c. à s. de farine de lin, 4 verres d'eau froide, 1 c. à c. d'ail haché , 2 c. à c. de curcuma, 4 c. à c. de ciboulette ciselée, sel, poivre.

- Pelez le potiron. Formez des spaghetti à l'aide d'un économe dentelé. Ajoutez le jus d'orange et 1 pincée de sel, mélangez et laissez mariner à température ambiante pendant au moins 30 minutes.
- Mixez les amandes congelées, la farine de lin, l'eau froide, l'ail, le curcuma, 1 pincée de sel et poivre, jusqu'à obtenir une pâte assez homogène.
- Versez cette pâte sur les spaghetti, mélangez, répartissez dans 4 assiettes et décorez avec la ciboulette ciselée. Servez aussitôt.

LE CONSEIL MAGIQUE

Vous pouvez remplacer les amandes par des pistaches et ajouter des tomates séchées pour un goût plus méditerranéen.

BOULETTES DE SPIRULINE

Super-énergisantes

POUR 4 PERSONNES
PRÉPARATION : 20 MINUTES

INGRÉDIENTS : 100 g de farine de noix de coco, 200 g de farine d'amande, 100 g de sésame, 100 g de graines de lin, 150 g de levure maltée, 2 c. à c. de spiruline, 20 g de baies de goji, 1 pincée de sel, eau.

- Mélangez les graines de sésame et les graines de lin. Réservez.
- Mixez tous les autres ingrédients dans un mixeur. En continuant à mixer, ajoutez de l'eau pour obtenir une pâte assez dure, homogène et facile à travailler.
- Formez des boulettes d'environ 2-3 cm de diamètre avec cette pâte puis passez-les dans le mélange de graines de sésame et de lin. Servez tout de suite ou conservez au réfrigérateur pendant 1 semaine au maximum.

LE CONSEIL MAGIQUE

La spiruline (nommée ainsi en raison de sa forme spiralée) appartient à la famille des microalgues bleu-vert. Elle existe sur Terre depuis plus de trois milliards d'années et est vraisemblablement le micro-organisme le plus ancien de la planète !

TAGLIATELLE, CHAMPIGNONS ET SAUCE AU NOIX

Ah, les pâtes italiennes !

POUR 4 PERSONNES
PRÉPARATION : 30 MINUTES
TREMPAGE : 20 MINUTES
REPOS : 1 HEURE

INGRÉDIENTS : 5 courgettes, 30 g de champignons séchés, , 2 c. à s. d'huile d'olive, une gousse d'ail, romarin, persil, 40 g de noix, ½ avocat, 0,20 g de safran en poudre, 4 c. à s. d'eau, sel, poivre.

- Faites tremper les champignons pendant 20 minutes.
- Jetez l'eau de trempage des champignons et mélangez-les avec 2 c. à s. d'huile d'olive, la gousse d'ail hachée, le persil, le romarin, sel et poivre. Laissez reposer pendant 30 minutes au réfrigérateur.
- Pour la sauce, mixez les noix, la pulpe de l'avocat, et l'eau. Réservez 30 minutes au réfrigérateur.
- Pelez les courgettes et coupez-les en tagliatelle à l'aide d'une mandoline ou d'un économe. Mettez les tagliatelle dans une passoire, ajoutez 1 pincée de sel et laissez dégorger pendant 20 minutes. Séchez-les dans un torchon en pressant pour éliminer le plus d'eau possible.
- Mettez les courgettes dans un bol, ajoutez le safran et mélangez. Servez les tagliatelle avec les champignons et ajoutez la sauce aux noix.

ŒUFS MARINÉS ET CRÈME D'ASPERGE

POUR 4 PERSONNES
PRÉPARATION : 30 MINUTES
REPOS : 2 JOURS

INGRÉDIENTS : 8 œufs, 1,5 kg de sel, 1,5 kg de sucre, 1 kg d'asperges, 300 g de sésame, 1 gousse d'ail, 2 feuilles de menthe, huile d'olive, poivre, eau.

- Préparez les œufs marinés. Mélangez le sel et le sucre dans un saladier et mettez la moitié de ce mélange dans un récipient plat et assez grand. Cassez les œufs, séparez les blancs des jaunes (conservez les blancs pour une autre recette) et mettez au fur et à mesure les jaunes entiers sur le mélange sel-sucre en les espaçant bien. Recouvrez avec l'autre moitié du mélange sel-sucre et laissez le récipient dans un lieu frais et couvert pendant 2 jours. Les 2 jours écoulés, enlevez le sel et le sucre, récupérez les œufs qui devraient être plutôt durs et lavez-les sous l'eau tiède.
- Préparez la crème. Nettoyez les asperges, épluchez leur queue si elle est trop dure et coriace. Coupez les asperges en petits morceaux et mixez-les avec le sésame, l'ail, la menthe et l'huile. Ajoutez 1 pincée de sel. Si la crème est trop dure, détendez-la avec de l'eau.

→

- Répartissez la crème dans 4 assiettes, déposez les œufs par-dessus, poivrez et assaisonnez avec 1 c. à s. d'huile d'olive par assiette.

LE CONSEIL MAGIQUE

Si vous trouvez du tahin, c'est-à-dire de la crème de sésame déjà prête, vous pouvez l'utiliser à la place des graines de sésame pour obtenir une crème plus homogène et plus lisse.

CHAMPIGNONS FARCIS AU PESTO

POUR 4 PERSONNES
PRÉPARATION : 30 MINUTES
REPOS : 1 NUIT

INGRÉDIENTS : 16 gros champignons de Paris, 2 c. à s. de jus de citron, 2 c. à s. d'huile d'olive, 1 c. à c. de sel.

POUR LE PESTO : 50 g de pignons de pin, 3 bouquets de basilic, 2 bouquets de roquette, 30 g de levure alimentaire sèche, 4 c. à s. d'huile d'olive, 1 c. à s. de jus de citron, 1 c. à c. de sel.

- Nettoyez les champignons, détachez les têtes des pieds. Créez une marinade avec le jus de citron, l'huile d'olive et le sel et versez sur les têtes de champignons. Laissez reposer pendant une nuit au réfrigérateur.
- Le lendemain, mixez tous les ingrédients du pesto jusqu'à obtention de la consistance voulue. Ajoutez un peu d'huile s'il vous semble trop dur ou des pignons et de la levure s'il est trop liquide.
- Sortez les champignons du réfrigérateur et farcissez-les avec le pesto.

COUSCOUS

POUR 4 PERSONNES
PRÉPARATION : 10 MINUTES

INGRÉDIENTS : 1 chou-fleur, 2 carottes, 1 orange, 100 g de céleri-rave, le jus d'1 citron, 30 g de graines de potiron, 50 g de noisettes concassées, 3 feuilles de menthe, 3 c. à s. d'huile d'olive.

- Hachez le chou-fleur très finement de façon à obtenir une semoule tout à fait semblable à de la semoule de couscous. Lavez et râpez les carottes à l'aide d'une râpe. Pelez le céleri-rave et détaillez-le en julienne (en longues lanières). Pelez l'orange à vif et coupez-la en petits morceaux.
- Mettez tous ces ingrédients dans un bol, assaisonnez avec le jus de citron et l'huile d'olive, parsemez avec les graines de potiron, les noisettes et les feuilles de menthe ciselées. Servez.

TERRINE DE COURGETTES, ÉPINARDS, ALGUES NORI ET POUSSES DE POIS CHICHES

Une terrine pour les grandes occasions

POUR 1 TERRINE
PRÉPARATION : 1 HEURE
TREMPAGE : 6 HEURES
REPOS : AU MOINS 1 HEURE

INGRÉDIENTS : 8 courgettes, 1 kg d'épinards, 10 feuilles d'algue nori, 2 avocats, 1 kg de pousses de pois chiches, 1 gousse d'ail, 200 g de graines de tournesol, 1 pincée de sel, poivre.

- Faites tremper les graines de tournesol dans de l'eau pendant 6 heures.
- Coupez les courgettes en tranches dans la longueur avec une mandoline si vous en avez une.
- Préparez la crème. Mixez les pousses de pois chiches, les avocats, la gousse d'ail et les graines de tournesol égouttées, jusqu'à obtention d'une crème épaisse et pas trop homogène. Salez et poivrez.
- Dans une terrine carrée d'environ 25 x 25 cm, étalez une couche de courgettes, puis une couche de feuilles de nori, puis une couche d'épinards et enfin une couche de crème de pousses de pois chiches. Continuez à faire des couches dans cet ordre jusqu'à la fin des ingrédients.

→

- Laissez reposer au réfrigérateur au minimum 1 heure. Coupez et servez la terrine à température ambiante.

LE CONSEIL MAGIQUE

Vous pouvez utiliser différents légumes pour cette terrine, comme du potiron coupé très finement, des artichauts, des tomates séchées…

SPAGHETTI DE CÉLERI ET POIREAU AUX NOIX DE CAJOU ET À LA LEVURE

Super-goûteux

POUR 4 PERSONNES
PRÉPARATION : 30 MINUTES
TREMPAGE : 6 HEURES

INGRÉDIENTS : 2 kg de céleri-branche, 2 poireaux, 300 g de noix de cajou, 200 g de levure alimentaire sèche, 200 g de petits pois frais écossés, noix de muscade, sel, poivre.

- Faites trempez les noix de cajou dans de l'eau à température ambiante pendant 6 heures.
- Pour les spaghetti de céleri, éliminez les branches extérieures du céleri, épluchez les autres branches à l'aide d'un économe et coupez de fines lamelles dans la longueur. Pour les spaghetti de poireau, éliminez les feuilles extérieures, coupez les poireaux en deux puis détaillez de fines lamelles dans la longueur. Réservez ces spaghetti de céleri et de poireau.
- Préparez la sauce. Mixez les noix de cajou égouttées, la levure alimentaire, les petits pois, un peu de noix de muscade, le sel et le poivre.
- Assaisonnez les spaghetti avec cette sauce et servez.

→

LE CONSEIL MAGIQUE

La levure alimentaire est de la levure boulangère séchée qui se présente sous forme de flocons. Elle contient beaucoup de vitamines du groupe B, surtout B6 et B9 (acide folique), et aussi une faible teneur en vitamine B12, qui est très importante en cas d'alimentation végétalienne et crudiste.

CARPACCIO DE POTIRON ET DE CHAMPIGNONS

Une recette jolie, fraîche et simple

POUR 4 PERSONNES
PRÉPARATION : 30 MINUTES
REPOS : 4 HEURES

INGRÉDIENTS : 400 g de courge Butternut, 200 g de pleurotes, 2 c. à s. de sauce soja, 2 c. à c. de sirop d'agave, 6 c. à s. d'huile d'olive, le jus d'1 citron, une botte de persil haché.

- Préparez la marinade. Dans un récipient, mélangez la sauce soja, le sirop d'agave, l'huile et le jus de citron avec une fourchette.
- Pelez la courge Butternut et coupez-le en tranches fines (je vous conseille d'utiliser une mandoline). Déposez les tranches dans une terrine et versez dessus la moitié de la marinade et le persil haché.
- Nettoyez et coupez les pleurotes en petits morceaux. Mettez-les dans une autre terrine et ajoutez l'autre moitié de la marinade.
- Laissez reposer les deux terrines à température ambiante pendant 4 heures.

→

- Dans un plat, procédez comme si vous faisiez des lasagnes en alternant couches de courge Butternut et couches de pleurotes jusqu'à avoir épuisé tous les ingrédients. Servez.

LE CONSEIL MAGIQUE

La mandoline est un ustensile très important de la cuisine crue, parce qu'elle permet de couper très finement et régulièrement des légumes durs comme le potiron. Vous pouvez vous amuser avec la marinade de cette recette et la personnaliser en y ajoutant des algues, du sésame, du wasabi, en remplaçant le jus de citron par du jus d'orange...

PÂTÉ DE POUSSES

POUR 4 PERSONNES
PRÉPARATION : 10 MINUTES
TREMPAGE : 4 À 6 HEURES

INGRÉDIENTS : 300 g de pousses mixtes (soja, lin, fenugrec, betterave, poireau, pois...), 100 g de graines de chanvre, 200 g de graines de tournesol, 50 g de sésame, 1 c. à s. d'huile de coco vierge, 100 g de levure maltée, 2 feuilles de menthe, 1 c. à c. de malt d'orge, 1 pincée de sel.

- Faites tremper les graines de tournesol et de chanvre dans de l'eau à température ambiante pendant 4 à 6 heures.
- Égouttez-les et mixez longtemps avec tous les autres ingrédients pour obtenir une crème plutôt homogène et épaisse. Si la pâte devient trop liquide, ajoutez de la levure et de l'huile de coco.

LE CONSEIL MAGIQUE

Vous pouvez tartiner ce pâté sur des crackers crus, l'utiliser pour assaisonner des pâtes crues, ou plus simplement le déguster sur des rondelles de légumes (carotte, courgette, betterave, concombre...).

GASPACHO DE MELON ET TOMATE

Un jour d'été

POUR 4 PERSONNES
PRÉPARATION : 15 MINUTES

INGRÉDIENTS : 1 melon, 300 g de tomates, 2 c. à s. de vinaigre, 1 petit morceau de gingembre (environ 2 cm), 1 c. à c. de jus de citron, 2 c. à s. d'huile d'olive, 2 feuilles de menthe, sel, poivre.

- Pelez le melon et coupez-le en morceaux. Faites de même avec les tomates.
- Mixez tous les ingrédients de façon à obtenir une crème plutôt épaisse. Servez.

LE CONSEIL MAGIQUE

Si vous préférez une soupe douce, vous pouvez remplacer le sel, le poivre et le vinaigre par du sirop d'agave ou du malt d'orge.

FROMAGE DE NOIX DE CAJOU

Pour une pause gourmande

POUR 4 PERSONNES
PRÉPARATION : 10 MINUTES
TREMPAGE : 1 NUIT
REPOS : 24 HEURES

INGRÉDIENTS : 300 g de noix de cajou, 50 g de farine de noix de coco, 1 c. à c. de miso blanc doux, 30 g de jus de citron, 1 c. à c. de sirop d'agave, sel, poivre.

- Faites tremper les noix de cajou dans un saladier avec de l'eau toute une nuit. Le matin, rincez-les et égouttez-les.
- Mixez tous les ingrédients jusqu'à obtention d'une pâte homogène et lisse.
- Déposez un torchon au fond d'une terrine en le faisant bien remonter le long des bords, versez la pâte sur le torchon, pressez et mettez au réfrigérateur. Laissez reposer pendant 24 heures.
- Sortez le fromage de la terrine à l'aide du torchon et mettez-le dans une assiette. Servez-le froid avec des crackers « raw ».

LE CONSEIL MAGIQUE

Cette recette est une base que vous pouvez personnaliser selon vos goûts, en ajoutant du piment, des herbes comme du thym ou de la menthe, du poivre rose, du curcuma ou du safran.

ARTICHAUTS FARCIS

La tradition romaine

POUR 4 PERSONNES
PRÉPARATION : 25 MINUTES

INGRÉDIENTS : 8 artichauts violets, 250 g de levure maltée, 250 g d'amandes, 100 g de roquette, 100 g de pousses de radis, 1 gousse d'ail, 3 c. à s. de persil haché, le jus de 2 citrons, 4 c. à s. d'huile d'olive, sel, poivre.

- Enlevez les feuilles les plus coriaces des artichauts. Coupez les pointes et les pieds. Ouvrez un peu le milieu des artichauts avec la main et enlevez la barbe. Au fur et à mesure, mettez-les dans de l'eau additionnée du jus d'un demi citron pour qu'ils ne s'oxydent pas.
- Préparez la farce. Mixez la levure, les amandes, la roquette, les pousses de radis, la gousse d'ail et le persil. Salez et poivrez.
- Mettez la farce dans les artichauts, assaisonnez avec l'huile d'olive et le jus d'un citron et servez.

LE CONSEIL MAGIQUE

Pour nettoyer les artichauts, mettez des gants car vos doigts pourraient rester noirs pendant plusieurs jours ! Avec les feuilles plus coriaces que vous n'avez pas utilisées, vous pouvez faire une tisane. L'artichaut a de nombreuses vertus médicales. Il est notamment réputé pour faciliter la digestion et favoriser le fonctionnement du foie.

HAMBURGERS D'AVOCAT

Super-cool

POUR 4 PERSONNES
PRÉPARATION : 30 MINUTES

INGRÉDIENTS : 4 gros avocats, 16 feuilles de salade croquante (iceberg), 4 tomates olivettes, 6 champignons de Paris , 400 g de pousses de petits pois, 2 c. à s. de crème de noix de cajou, 2 feuilles de menthe, 3 c. à s. d'huile d'olive, le jus d'1 citron, 1 gousse d'ail, 2 c. à s. de vinaigre, 1 pincée de sel, poivre.

- Préparez la sauce. Mixez les pousses de petits pois, la crème de noix de cajou, la menthe, l'huile d'olive, le jus de citron, l'ail, le vinaigre, le sel et le poivre afin d'obtenir une crème plutôt lisse et un peu acide.
- Coupez les avocats en deux et dénoyautez-les. À l'aide d'une cuillère, enlevez la chair en veillant à ne pas la casser et à la conserver entière. Les demi-avocats vont ainsi servir de petits pains pour les hamburgers.
- Pour monter le premier hamburger, prenez un demi-avocat, recouvrez-le de sauce puis faites une couche de feuilles de salade, une couche de rondelles de tomate et une dernière couche de lamelles de champignons coupées très finement, tartinez de nouveau de sauce, et refermez avec un demi-avocat. Procédez de la même façon pour les autres hamburgers.
- À déguster avec une fourchette et un couteau !

→

LE CONSEIL MAGIQUE

Cette recette est une inspiration. Évidemment, vous pouvez mettre ce que vous voulez dans vos hamburgers : des carottes, de la betterave, des radis, du concombre... et la sauce peut être préparée de bien des façons : crème de sésame et pousses de pois chiches, crème de noisette et pousses de poireau...

MAYONNAISE VEGAN

La magie de l'alchimie

POUR 4 PERSONNES
PRÉPARATION : 10 MINUTES
TREMPAGE : 1 NUIT

INGRÉDIENTS : 20 cl d'huile de tournesol, 10 g de graines de moutarde jaune, le jus d'1 citron, 1 verre + 2 c. à s. de vinaigre, 60 cl d'eau, 2 c. à s. de lécithine de soja, 1 pincée de sel.

- Faites tremper les graines de moutarde avec le verre de vinaigre pendant une nuit.
- Égouttez-les et mettez-les dans un mixeur ou dans un bocal si vous avez un mixeur à immersion. Ajoutez le jus de citron, les 2 c. à s. de vinaigre, l'eau et mixez. Dans un deuxième temps, ajoutez la lécithine et le sel. Continuez à mixer en versant peu à peu l'huile de tournesol de façon à faire épaissir votre préparation.
- Votre mayonnaise est prête ! Elle sera délicieuse avec des bâtonnets de céleri et de carotte.

LE CONSEIL MAGIQUE

Vous pouvez ajuster les proportions si vous voyez que vous n'arrivez pas à obtenir la consistance désirée. Ajoutez de l'huile si votre préparation n'est pas assez dense ou de l'eau si elle l'est trop.

SOUPE DE NOUILLES

L'Asie, quel voyage !

PRÉPARATION : 20 MINUTES
POUR 4 PERSONNES

INGRÉDIENTS : 2 choux-raves, le jus d'1 citron, 1 c. à s. d'huile d'olive, 2 c. à c. de miso, 1 l d'eau, une botte de ciboulette, 2 feuilles d'algue nori, 1 tige de citronnelle, 4 *umeboshi*.

- Créez des spaghetti de chou-rave à l'aide du spiraliseur, ou si vous n'en avez pas, utilisez une mandoline puis coupez au couteau des spaghetti très fins.
- Mettez les spaghetti dans un saladier, ajoutez le jus de citron et l'huile, mélangez et réservez.
- Faites chauffer l'eau jusqu'à ce qu'elle soit tiède, ajoutez le miso, la ciboulette ciselée, l'algue nori émiettée et la citronnelle coupée très finement. Mélangez bien.
- Répartissez la soupe dans 4 bols. Ajoutez dans chaque bol une *umeboshi* et des spaghetti de chou-rave. Dégustez tout de suite.

LE CONSEIL MAGIQUE

L'*umeboshi* est une prune japonaise fermentée salée et acidulée qui a été macérée longtemps avec du sel et des feuilles de shiso (basilic oriental). Vous en trouverez dans les magasin bio et les épiceries spécialisées.

RISOTTO AU SAFRAN

Le goût de la Lombardie

POUR 4 PERSONNES
PRÉPARATION : 25 MINUTES
TREMPAGE : 15 MINUTES

INGRÉDIENTS : 2 choux-raves ou 6 courgettes ou 1 gros daikon (radis blanc), 2 avocats, 30 g de champignons secs, 2 c. à s. de persil haché, 2 sachets de safran en poudre, sel, poivre.

- Réhydratez les champignons secs en les faisant tremper dans un peu d'eau pendant 15 minutes. Égouttez-les en récupérant leur eau de réhydratation.
- Coupez des spaghetti de chou-rave à l'aide d'un spiraliseur ou d'une mandoline. Détaillez les spaghetti en petites pièces comme s'il s'agissait de grains de riz.
- Préparez la sauce. Dans un mixeur, mettez la chair des avocats, les champignons, 2 c. à s. d'eau de réhydratation des champignons et le safran. Mixez, salez et poivrez.
- Mélangez le faux riz avec la sauce, dressez et décorez avec le persil.

LE CONSEIL MAGIQUE

Pour obtenir le faux riz, vous pouvez aussi utiliser un autre légume.

BOULETTES DE PETITS POIS ET NOIX

POUR 4 PERSONNES
PRÉPARATION : 25 MINUTES

INGRÉDIENTS : 150 g de petits pois frais, 150 g de noix, 1 gousse d'ail, sésame, sel, poivre.

- Mixez les petits pois, les noix et la gousse d'ail jusqu'à obtention d'une pâte assez ferme, salez et poivrez.
- Versez du sésame dans une assiette, façonnez des boulettes avec la pâte et passez-les sur le sésame pour qu'elles en soient bien recouvertes de toutes parts.
- Laissez reposer au réfrigérateur pendant 15 minutes avant de déguster.

LE CONSEIL MAGIQUE

Vous pouvez consommer ces boulettes avec une sauce tomate obtenue en mixant 2 tomates, 2 c. à s. d'huile d'olive, du sel et de la ciboulette.

CRÈME DE FÈVES AUX NOISETTES

POUR 4 PERSONNES
PRÉPARATION : 25 MINUTES

INGRÉDIENTS : 500 g de fèves, 20 g d'amandes, ½ gousse d'ail, 20 g de noisettes, 10 c. à s. d'huile d'olive, 8 feuilles de menthe.

- Écossez les fèves puis enlevez la peau qui les entoure.
- Mixez tous les ingrédients jusqu'à obtention d'un pesto homogène. Détendez avec un peu d'huile si la préparation est trop dense. Servez.

LE CONSEIL MAGIQUE

Pour ne pas chauffer votre pesto lors du broyage, mettez les lames de votre robot au congélateur 30 minutes avant de réaliser votre recette et utilisez-le en mode « pulse », c'est-à-dire en l'arrêtant de temps en temps jusqu'à obtention de votre crème.

RAVIOLI DE DAIKON AUX CAROTTES

POUR 4 PERSONNES
PRÉPARATION : 30 MINUTES

INGRÉDIENTS : 1 gros daikon (radis blanc), 3 carottes, 1 petit morceau de curcuma frais (max. 2 cm), le jus d'1 citron, 2 c. à s. de levure maltée, 50 g d'amandes, 30 g de noisettes entières + quelques unes pour la décoration, 2 c. à s. d'huile d'olive.

- Coupez le daikon à l'aide d'une mandoline ou d'un couteau de manière à obtenir des tranches très fines. Mettez-les dans un bol avec le jus de citron.
- Dans un mixeur, mettez les carottes, le curcuma, la levure, les amandes, les noisettes et l'huile d'olive, mixez et ajoutez de l'eau si nécessaire. La farce doit être homogène et consistante.
- Répartissez la farce sur chaque tranche de daikon et refermez la tranche sur elle-même. Dressez les ravioli sur un plat et décorez avec les noisettes concassées.

LE CONSEIL MAGIQUE

Si vous ne trouvez pas de curcuma frais, utilisez du curcuma en poudre. Évidemment, les ravioli ne sont pas bien fermés, il faut donc faire attention en les servant. Si vous le souhaitez, vous pouvez les disposer sur des brochettes afin qu'ils tiennent mieux.

SUSHI

POUR 4 PERSONNES
PRÉPARATION : 35 MINUTES
TREMPAGE : 1 NUIT

INGRÉDIENTS : 5 feuilles d'algue nori, 1 gros chou-fleur, 6 c. à c. de graines de lin, 1 carotte, 1 courgette, 1 avocat, 100 g de kimchi coupé, pousses mixtes, sel, poivre, sauce soja pour servir.

- Mettez les graines de lin à tremper pendant une nuit dans de l'eau à température ambiante.
- Nettoyez le chou-fleur puis mixez-le pas trop finement. Dans un mortier, pilez les graines de lin égouttées pour obtenir une pâte un peu gélatineuse. Mettez-la avec le chou-fleur, mixez, salez et poivrez.
- Coupez la carotte et la courgette en julienne et coupez l'avocat en petites tranches.
- Prenez une feuille d'algue nori et mettez la face la plus lisse au contact du plan de travail. Déposez 1 ou 2 c. à s. de crème de chou-fleur sur l'algue en conservant au moins 3 cm de large dans la partie haute sans farce pour pouvoir refermer le sushi. Au milieu, sur la farce de chou-fleur, déposez quelques petits morceaux de carotte, de courgette, d'avocat, de kimchi et quelques pousses. Roulez l'algue, mouillez avec quelques gouttes d'eau le bord resté sans farce pour bien refermer le sushi. Fermez et répétez l'opération pour toutes les feuilles.

→

- Prenez un couteau aiguisé et coupez chaque rouleau de façon à obtenir 8 sushis. Dégustez avec un peu de sauce soja.

LE CONSEIL MAGIQUE

Le kimchi est une préparation coréenne à base de chou fermenté, d'ail et de piment. Il a un goût très fort qui se marie parfaitement avec les saveurs délicates. Si vous n'en trouvez pas, vous pouvez utiliser d'autres légumes comme des tomates, des asperges, ou simplement mettre plus de pousses.

ROULEAUX D'ÉPINARDS AU CURCUMA

Anti-inflammatoire

POUR 4 PERSONNES
PRÉPARATION : 30 MINUTES

INGRÉDIENTS : 500 g d'épinards frais, 500 g de pousses de pois chiches, 1 morceau de curcuma frais (max. 2 cm), 2 c. à s. de tahin, 1 gousse d'ail, le jus de 2 citrons, 3 c. à s. d'huile d'olive, 1 pincée de sel, 1 pincée de poivre.

- Préparez le houmous au curcuma. Mixez les pousses de pois chiches, le tahin, l'ail, le jus de citron, le curcuma, l'huile, le sel et le poivre jusqu'à obtention d'une pâte homogène et assez consistante. Rectifiez le goût en ajoutant du citron, du sel ou du tahin.
- Farcissez les feuilles d'épinards précédemment lavées, avec 1 c. à s. de houmous et roulez-les sur elles-mêmes. Dégustez.

LE CONSEIL MAGIQUE

Les rouleaux peuvent être préparés avec d'autres légumes comme des courgettes en tranches très fines, des carottes ou du chou. Si vous n'aimez pas le curcuma, vous pouvez préparez un houmous avec 150 g de betterave et des épices comme la cannelle et le gingembre.

GNOCCHI VEGAN ÉPINARDS ET TOMATES SÉCHÉES

POUR 4 PERSONNES
PRÉPARATION : 35 MINUTES

INGRÉDIENTS :
POUR LES GNOCCHI : 400 g d'épinards, 1 c. à s. d'huile d'olive extra-vierge, 400 g de noix de cajou, 100 g de noix.

POUR LA SAUCE : 10 tomates séchées, 2 c. à c. d'origan, huile d'olive.

- Préparez les gnocchi. Lavez les épinards, mixez-les avec l'huile d'olive pour obtenir une crème. À part, mixez les noix de cajou et les noix. Intégrez-les à la crème d'épinards. Vous devez obtenir un appareil consistant qui vous permettra de façonner des gnocchi qui « se tiennent ».
- Pour façonner les gnocchi, formez un boudin avec la pâte et découpez des morceaux de 2 cm.
- Réalisez la sauce en mixant les tomates séchées avec l'huile d'olive et l'origan. Assaisonnez les gnocchi avec la sauce.

QUENELLES D'OKARA DE CHANVRE

On ne gaspille rien !

POUR 4 PERSONNES
PRÉPARATION : 30 MINUTES
TREMPAGE : 10 MINUTES

INGRÉDIENTS : 200 g d'okara de graines de chanvre (obtenu lors de la réalisation d'un lait non sucré, voir p. 32), 480 g de poivron rouge, 280 g d'amandes, 40 g de levure maltée, 80 g de tomates séchées, 1 pincée de sel, poivre.

POUR LA COUVERTURE : environ 100 g d'okara de graines de chanvre ou 50 g d'okara et 50 g de sésame.

- Réhydratez les tomates séchées pendant environ 10 minutes avec de l'eau. Mixez les amandes afin d'obtenir une poudre puis réservez. Mixez le poivron bien nettoyé et coupé en morceaux et les tomates. Mettez la poudre d'amande et le mélange poivron-tomates dans un saladier. Ajoutez la levure maltée, l'okara, le sel et le poivre, mélangez bien.
- Façonnez des quenelles et passez-les dans l'okara de graines de chanvre ou dans le sésame.
- Déposez les quenelles sur une assiette et mettez au réfrigérateur pendant 15 minutes.

→

LE CONSEIL MAGIQUE

Vous pouvez ajouter des épices, comme du paprika ou du curcuma, ou des herbes, comme du thym ou de la menthe. Ces quenelles sont délicieuses avec une sauce, par exemple un houmous « raw » ou une mayonnaise.

SPAGHETTI DE DAIKON

Super-bon

POUR 4 PERSONNES
PRÉPARATION : 20 MINUTES
REPOS : 4 HEURES

INGRÉDIENTS : 2 gros daikons, 3 c. à c. de mirin (vinaigre de riz), 1 c. à c. de sirop d'agave, 2 c. à c. de gingembre râpé, le jus de 2 citrons, 3 c. à s. d'huile d'olive, 4 c. à s. d'eau, 100 g d'amandes hachées, 6 c. à s. de flocons d'algue nori ou 3 feuilles d'algue nori, 4 c. à c. de levure maltée.

- Pelez les daikons et, avec un spiraliseur, formez des spaghetti ou, si vous n'avez pas de spiraliseur, coupez les daikons en tranches avec une mandoline puis coupez-les en julienne avec un couteau.
- Préparez la marinade en mélangeant le mirin, le sirop d'agave, le gingembre, le jus de citron, l'huile et l'eau.
- Mettez les spaghetti dans une terrine, versez la marinade par-dessus, mélangez, couvrez et mettez au réfrigérateur pendant au moins 4 heures.
- Ajoutez les amandes et les flocons d'algues aux spaghetti, mélangez.
- Répartissez les spaghetti dans 4 assiettes et saupoudrez 1 c. à c. de levure sur chaque assiette. Dégustez tout de suite.

→

LE CONSEIL MAGIQUE

Le daikon est une grosse racine blanche excellente pour la santé. Il contient beaucoup de sels minéraux et il aide à maigrir. Il y a deux parties avec des saveurs différentes dans le daikon. La partie supérieure (où commence la plante) est plus douce et presque sans saveur ; elle est délicieuse crue. La partie inférieure est plus piquante et amère ; elle est généralement destinée à la cuisson mais elle est aussi bonne mangée crue.

CRÈME DE TOPINAMBOUR

Quel goût !

POUR 4 PERSONNES
PRÉPARATION : 20 MINUTES

INGRÉDIENTS : 1 kg de topinambours, le jus d'1 citron, 5 c. à s. d'huile d'olive, 1 c. à s. de lécithine de soja, 2 c. à c. de poudre de baobab, sel, poivre.

- Pelez les topinambours et coupez-les en petits morceaux. Mettez-les au fur et à mesure dans de l'eau additionnée du jus de citron pour qu'ils ne s'oxydent pas.
- Mixez-les assez longtemps, ajoutez la lécithine et, au fur et à mesure, l'huile d'olive. Ajoutez la poudre de baobab, salez et poivrez. Servez tout de suite.

LE CONSEIL MAGIQUE

Vous pouvez acheter la poudre de baobab en ligne ou dans quelques magasins bio bien fournis. Avant de l'utiliser, goûtez-la pour vous assurer que le goût vous plaît. Vous pouvez l'ajouter dans les crèmes, les desserts, les glaçons, les jus… C'est un aliment très bon pour la santé. La poudre de baobab contient plus de vitamine C que les oranges et plus de fer que la viande.

SPAGHETTI DE COURGETTE ET DAIKON SAUCE TOMATE AUX CÂPRES

POUR 4 PERSONNES
PRÉPARATION : 20 MINUTES

INGRÉDIENTS : 2 daikons, 4 courgettes, 4 c. à s. d'huile d'olive, 2 c. à s. de jus de citron.

POUR LA SAUCE : 4 tomates, 8 feuilles de basilic, 2 c. à s. de pignons de pin, 1 gousse d'ail, 8 câpres sous sel , 2 c. à s. d'huile d'olive, sel, poivre.

- Préparez la sauce. Rincez les câpres après les avoir réhydratées. Mixez les tomates, les feuilles de basilic, les pignons, l'ail et les câpres. Ajoutez le sel, le poivre et l'huile d'olive.
- Avec un spiraliseur, détaillez des spaghetti de daikon et de courgette, versez dessus le jus de citron et d'huile d'olive et mélangez.
- Assaisonnez les spaghetti avec la sauce tomate aux câpres et servez.

LÉGUMES FARCIS

Facile et goûteux

POUR 4 PERSONNES
PRÉPARATION : 30 MINUTES

INGRÉDIENTS : 4 courgettes, 2 poivrons, 1 fenouil, 4 tomates olivettes, 2 c. à s. de tahin, 150 g de noix de cajou, 250 g de levure maltée, 100 g de farine de lin, 400 g de pousses de pois chiches, 1 gousse d'ail, le jus d'1 citron, sel, poivre.

- Préparez les légumes. Coupez les courgettes en deux dans la longueur, enlevez la chair sans abîmer la peau et réservez-la. Coupez les poivrons en quatre, éliminez soigneusement les graines et les parties blanches. Coupez la partie supérieure du fenouil, la première couche de feuilles, coupez-le en quartiers puis détachez chaque feuille. Coupez la partie supérieure des tomates et, à l'aide d'une cuillère, enlevez soigneusement l'intérieur sans les abîmer puis réservez la chair. Salez légèrement les courgettes, les poivrons, le fenouil et les tomates.
- Préparez la farce. Mixez la pulpe des courgettes et des tomates, les noix de cajou, la levure, la farine de lin, le tahin, les pousses de pois chiches, l'ail et le jus de citron dans un mixeur. Salez et poivrez.
- Mettez la farce sur et dans les légumes. Servez.

→

LE CONSEIL MAGIQUE

Vous pouvez farcir tous les légumes que vous voulez. En hiver, vous pouvez utiliser les choux en formant de petits rouleaux et, au printemps, réaliser des barquettes d'asperges. Je vous conseille bien sûr de vous servir de légumes de saison.

QUENELLES DE CHOU ROUGE ET NOIX DE CAJOU

POUR 4 PERSONNES
PRÉPARATION : 15 MINUTES

INGRÉDIENTS : 1 chou rouge, 100 g de purée de noix de cajou, 40 g de graines de coquelicot, huile d'olive, sel, poivre, quelques pousses pour décorer.

- Enlevez et jetez les feuilles extérieures du chou, coupez le reste des feuilles en petits morceaux. Mixez le chou avec la purée de noix de cajou, les graines de coquelicot en ajoutant de l'huile petit à petit jusqu'à obtention d'une pâte plutôt dense. Salez et poivrez.
- Façonnez des quenelles et décorez avec quelques pousses.

LE CONSEIL MAGIQUE

Les choux sont souvent très consistants à mixer. Je vous conseille donc de couper des petits morceaux et de les insérer progressivement dans le blender. Mettez les lames de votre blender au réfrigérateur avant de commencer la recette pour ne pas trop chauffer la préparation.

Les desserts

PUDDING DE KAKIS ET DE BANANES

La simplicité

POUR 4 PERSONNES
PRÉPARATION : 15 MINUTES
REPOS : 1 HEURE

INGRÉDIENTS : 2 kakis, 3 bananes, cacao ou 4 c. à c. de farine de caroube, 50 g de graines de chia (facultatif).

- Mixez les kakis, les bananes et, si vous le souhaitez, les graines de chia, de manière à obtenir une préparation assez homogène.
- Versez votre préparation dans des moules individuels ou des verres et placez au réfrigérateur pendant 1 heure.
- Renversez sur de petites assiettes et décorez avec du cacao ou de la farine de caroube.

LE CONSEIL MAGIQUE

Vous pouvez déguster ce pudding avec une sauce préparée avec 5 dattes dénoyautées et quelques c. à s. d'eau.

PUDDING DE CHIA AU CACAO

Simplement délicieux

POUR 4 PERSONNES
PRÉPARATION : 10 MINUTES
REPOS : 1 NUIT

INGRÉDIENTS : 250 g de graines de chia, 6 c. à s. de poudre de cacao, 50 cl de lait d'amande, 6 c. à c. de sirop d'agave, noisettes concassées.

- Mettez les graines de chia et le lait d'amande dans un bol. Ajoutez la poudre de cacao et le sirop d'agave. Mélangez bien avec un fouet et mettez au réfrigérateur pendant toute la nuit.
- Versez le pudding dans des verres et décorez avec les noisettes.

LE CONSEIL MAGIQUE

Vous pouvez remplacer le cacao par du chocolat noir. Votre pudding sera un peu plus dur. C'est une recette très simple et délicieuse, dégustez-la avec des biscuits « raw ».

MOUSSE AU CHOCOLAT À L'EAU

La meilleure

POUR 4 PERSONNES
PRÉPARATION : 15 MINUTES

INGRÉDIENTS : 400 g de chocolat noir cru, eau.

- Mettez des glaçons et un peu d'eau dans un grand bol et un autre bol plus petit dedans.
- Faites fondre le chocolat très doucement, sans dépasser la température de 42 °C (température crue).
- Regardez les valeurs nutritives sur vos paquets de chocolat et calculez la masse totale des graisses, puis faites le calcul suivant :
  (masse totale des graisses x 34) / 100
- Le résultat obtenu correspond à la quantité d'eau en grammes que vous allez mélanger à votre chocolat.
- Ajoutez l'eau et mélangez bien.
- Mettez le chocolat dans le bol glacé et fouettez avec un fouet électrique ou à la main. Continuez à fouetter jusqu'à obtenir une mousse.
- Servez tout de suite ou mettez au réfrigérateur.

→

LE CONSEIL MAGIQUE

Faites bien attention aux proportions. Si vous vous trompez, votre mousse risque de ne pas monter. Cette recette est possible grâce à la lécithine naturellement contenue dans le chocolat. Si vous le souhaitez, vous pouvez ajouter du sucre, du gingembre, du sel ou du piment.

CHEESECAKE AUX FRUITS ROUGES

Un peu difficile

POUR 10-12 PERSONNES
PRÉPARATION : 45 MINUTES
TREMPAGE : 3 HEURES
REPOS : 4-5 HEURES

INGRÉDIENTS :

POUR LA CRÈME : 300 g de beurre de cacahuète, 150 g de noix de cajou, 240 g de sirop d'agave, 4 c. à c. de jus de citron, 2 c. à c. de vanille en poudre, 160 g d'huile de coco, 2 c. à s. de graines de chia.

POUR LE BISCUIT : 150 g de noix de macadamia, 250 g de mûres, 60 ml d'huile de coco fondue, 1 pincée de sel.

POUR LA GÉLATINE : 100 g de mûres, 200 g de framboises, 200 g de fraises, 100 g de myrtilles, 12 g de gomme xanthane.

- Préparez la crème. Mettez les noix de cajou dans un bol à tremper avec de l'eau pendant 3 heures. Égouttez-les et mixez-les avec le beurre de cacahuète, le sirop d'agave, le jus de citron, la vanille, l'huile de coco et les graines de chia. Réservez.
- Préparez le biscuit. Mixez les noix de macadamia, 250 g de mûres, l'huile et le sel jusqu'à obtention d'une pâte plutôt grossière. Mettez cette pâte dans un moule à charnière et pressez-la avec les mains pour créer une base. Réservez au réfrigérateur pendant 30 minutes.
- Versez la crème sur cette base, étalez-la bien et réservez au réfrigérateur pendant une heure.

→

- Préparez la gélatine. Mixez les mûres, les framboises, les fraises et les myrtilles. Ajoutez la gomme xanthane et mixez encore.
- Versez cette gélatine sur le cheesecake et faites reposer au réfrigérateur pendant au moins 4-5 heures. Servez frais.

LE CONSEIL MAGIQUE

Vous pouvez faire varier cette recette assez simplement. La crème peut être préparée avec d'autre beurres, ou seulement avec les noix de cajou, ou bien avec des amandes. Pour le biscuit, vous pouvez utiliser des dattes ou d'autres fruits secs, ajouter un peu de chocolat ou des morceaux de fruits confits.

PRALINES AUX DATTES ET À LA NOIX DE COCO

La petite pause

POUR 4 PERSONNES
PRÉPARATION : 15 MINUTES
REPOS : 1 HEURE

INGRÉDIENTS : 300 g de dattes séchées, 100 g de figues séchées, 100 g de farine de noix de coco, 80 g d'amandes hachées, quelques c. à s. de lait de coco.

- Dénoyautez les dattes, coupez les figues en morceaux et mettez les dattes, les figues et les amandes dans votre mixeur. Ajoutez quelques c. à s. de lait de coco afin d'obtenir une pâte dure mais bien lisse.
- Façonnez des boulettes de 2-3 cm et roulez-les dans la farine de noix de coco.
- Faites reposer au réfrigérateur pendant 1 heure. Dégustez ces pralines froides.

LE CONSEIL MAGIQUE

Les dattes contiennent des vitamines du groupe B, beaucoup de sels minéraux, surtout du fer, et elles aident à faire baisser le cholestérol.

BISCUITS À LA CANNELLE

Pour bien se réveiller

POUR 4 PERSONNES
PRÉPARATION : 10 MINUTES
TREMPAGE : 4 HEURES
REPOS : 1 HEURE

INGRÉDIENTS : 100 g de graines de tournesol, 120 g de pruneaux dénoyautés, 20 g de pousses d'alfa-alfa, 1 c. à c. de cannelle en poudre, 1 petite pincée de sel.

- Mettez les graines de tournesol à tremper dans de l'eau pendant 4 heures.
- Égouttez les graines de tournesol puis mixez tous les ingrédients. Attention à ne pas trop mixer si vous voulez des biscuits croustillants.
- Formez des petites boulettes de 2-3 cm et pressez-les pour obtenir des biscuits plats. Laissez-les au réfrigérateur pendant 1 heure.
- Ces biscuits à la cannelle sont délicieux avec un verre de lait d'amande.

LE CONSEIL MAGIQUE

La dose de cannelle est indicative. Vous pouvez l'ajuster selon votre goût. À la place de la cannelle, vous pouvez aussi mettre de l'anis étoilé, des clous de girofle ou du gingembre.

TARTE AU SÉSAME ET COULIS DE FRAMBOISES

Super-bon

POUR 4 PERSONNES
PRÉPARATION : 30 MINUTES
REPOS : 1 HEURE + 3 À 4 HEURES

INGRÉDIENTS : 700 g de graines de sésame, 3-4 c. à s. de malt d'orge, 2 c. à s. d'huile de coco fondue, 500 g de framboises, 2 c. à s. de sucre de coco, le jus de 2 citrons, 3 c. à s. de farine de caroube.

- Préparez la base. Mélangez les graines de sésame avec le malt d'orge réchauffé au four à micro-ondes pendant quelques secondes pour le rendre liquide, et l'huile de coco. Vous devez obtenir une pâte assez compacte et collante. Ajoutez du malt si nécessaire. Étalez la base dans un moule à tarte de 18 cm de diamètre. Mettez au réfrigérateur pendant 1 heure.
- Préparez la sauce. Mixez les framboises, le sucre de coco, le jus de citron et la farine de caroube dans un mixeur de façon à obtenir un liquide assez homogène. Goûtez et, si nécessaire, ajustez l'assaisonnement en sucre et en citron.
- Versez le coulis sur la base de sésame et mettez votre tarte au réfrigérateur pendant au moins 3 à 4 heures. Servez.

→

LE CONSEIL MAGIQUE

Vous pouvez modifier la recette en ajoutant un peu de chocolat cru fondu au bain-marie dans la base ou préparer la base avec des graines de chia et des dattes. La sauce peut être faite avec d'autres fruits, comme des mûres, des fraises, des pêches, des abricots, du melon ou des cerises…

BARRES DE COCO

De l'énergie en barre !

POUR 4 PERSONNES
PRÉPARATION : 10 MINUTES
CONGÉLATION : 3 HEURES
REPOS : 10 MINUTES + 30 MINUTES

INGRÉDIENTS : 400 g de farine de noix de coco, 130 g d'huile de coco fondue, 1 c. à s. de sirop d'agave, 200 g de chocolat noir cru.

- Mélangez la farine de noix de coco avec l'huile de coco et le sirop d'agave. Versez la pâte dans des moules monoportions en silicone puis mettez au congélateur et laissez reposer pendant 3 heures.
- Faites fondre le chocolat. Placez les barres de coco sur une grille et versez le chocolat fondu sur les barres une première fois. Mettez-les au réfrigérateur pendant 15 minutes et répétez l'opération du glaçage encore une fois. Laissez reposer au réfrigérateur pendant 30 minutes. Dégustez.

LE CONSEIL MAGIQUE

Vous pouvez parfumer le chocolat avec du piment, du gingembre ou du sel et la pâte avec des fruits confits ou secs, comme des figues, des dattes, des écorces d'orange confite... Si vous n'êtes pas végétalien, vous pouvez faire la première couche avec du chocolat blanc ou au lait et la deuxième avec du chocolat noir.

GÂTEAU À LA CAROTTE

Super-jaune

POUR 4 PERSONNES
PRÉPARATION : 20 MINUTES
REPOS : 6 HEURES

INGRÉDIENTS : 250 g de pistaches, 70 g de beurre de cacao, 100 g de chocolat cru, 50 g de sirop d'agave, 600 g de carottes, 150 g de mangue séchée, 70 g de noix de macadamia, 90 g d'huile de coco.

- Mixez les pistaches, le beurre de cacao, le chocolat et le sirop d'agave et mettez cette pâte dans un moule au réfrigérateur.
- Mixez les carottes coupées en morceaux, la mangue, les noix de macadamia et l'huile de coco. Disposez cette crème sur la base pistache-chocolat.
- Laissez reposer au réfrigérateur pendant au moins 6 heures.
- Coupez en petits carrés et servez.

LE CONSEIL MAGIQUE

Cette recette peut être modifiée selon vos goûts assez simplement. Les pistaches peuvent être remplacées par des noisettes, des amandes ou des noix de cajou. Au lieu du chocolat, vous pouvez mettre des écorces d'orange confite ou des dattes. La mangue peut être remplacée par un autre fruit sec.

BROWNIE AU POTIRON

Comfort food

POUR 4 PERSONNES
PRÉPARATION : 30 MINUTES
TREMPAGE : 1 HEURE
REPOS : 6 H 30

INGRÉDIENTS :

POUR LA BASE : 250 g d'amandes, 200 g de farine de noix de coco, 100 g de noix de pécan, 240 g de dattes dénoyautées, 2 c. à c. de raisins secs, 200 g de cacao en poudre, 1 pincée de sel, 1 c. à c. de vanille en poudre, 1 c. à s. d'eau.

POUR LA CRÈME : 260 g de dattes, 270 g de potiron pelé, 36 g d'huile de coco fondue.

- Préparez la base. Mixez les amandes jusqu'à obtention d'une farine. Ajoutez tous les ingrédients de la base et mixez. Vous devez obtenir une pâte compacte. Versez cette pâte dans un moule et laissez reposer au réfrigérateur pendant 30 min.
- Préparez la crème. Faites tremper les dattes dans de l'eau pendant 1 heure. Coupez le potiron en petits cubes. Mixez tous les ingrédients jusqu'à obtention d'une crème homogène. Mettez la crème sur la base et laissez reposer au réfrigérateur pendant au moins 6 heures.
- Coupez le brownie en petits cubes et servez frais !

→

LE CONSEIL MAGIQUE

Laissez le brownie bien reposer pour faire durcir la crème. Vous pouvez préparer la crème avec différents fruits, comme de l'avocat, de la mangue, de la papaye ou du kiwi.

TARTE À LA CRÈME DE NOIX DE CAJOU

POUR UNE TARTE DE 20 CM DE DIAMÈTRE
PRÉPARATION : 1 H 30
TREMPAGE : 1 NUIT
CONGÉLATION : 30 MINUTES + 30 MINUTES

INGRÉDIENTS :

POUR LE BISCUIT : 130 g d'amandes, 50 g de noix de coco râpée, 3 dattes dénoyautées.

POUR LA CRÈME : 150 g de noix de cajou, 50 g d'huile de coco, le jus d'1 citron et son écorce râpée, ½ c. à c. de vanille en poudre, 5 dattes dénoyautées, eau (facultatif).

POUR LA GARNITURE : une pincée de farine de noix de coco, fruits ou fleurs ou zestes de citron à volonté.

- Faites tremper les amandes et les noix de cajou séparément pendant une nuit.
- Le lendemain, rincez-les et essuyez-les séparément.
- Préparez le biscuit. D'une part, mixez les amandes pour obtenir une farine assez fine et, d'autre part, faites de même avec la noix de coco râpée. Faites tremper les dattes pendant 30 minutes et mixez-les pour obtenir une crème. Incorporez les farines de coco et d'amande et la crème de dattes. Pétrissez pour obtenir une pâte. Divisez votre pâte en deux parties égales. Étalez la première moitié de la pâte dans un moule de 20 cm de diamètre. Ne la tassez pas trop, elle doit rester mousseuse. Réservez la deuxième moitié de la pâte.

→

- Préparez la crème. Mixez les noix de cajou. Ajoutez le jus et les zestes du citron, l'huile de coco, la vanille et les dattes. Mixez jusqu'à obtention d'une crème lisse en faisant attention à ne pas surchauffer votre appareil. Si votre crème est trop compacte, ajoutez un peu d'eau.
- Étalez cette crème sur le biscuit et laissez prendre 30 minutes au congélateur.
- Au bout des 30 minutes, si la crème est bien prise, déposez une deuxième couche de biscuit et saupoudrez la surface avec de la farine de noix de coco. Remettez au congélateur pendant environ 30 minutes.
- Lorsque vous sortez votre tarte du congélateur, garnissez-la avec des fruits, des fleurs, des zestes de citron… Laissez libre cours à votre créativité ! Servez aussitôt.

BACI DI DAMA

Baisers de dames

POUR 4 PERSONNES (ENVIRON 10 *BACI DI DAMA*)
PRÉPARATION : 20 MINUTES
REPOS : 30 MINUTES + 1 HEURE

INGRÉDIENTS

POUR LES BISCUITS : 120 g de noisettes, 30 g de cacao cru en poudre, 26 g de beurre de cacao, 30 g de sirop d'érable.

POUR LA CRÈME : 60 g de noix de cajou, 26 g de beurre de cacao, 30 g de sirop d'érable, 45 ml de lait d'amande ou de riz.

- Faites tremper les noix de cajou dans un bol avec de l'eau tiède. Elle vous serviront pour la crème plus tard.
- Pour le biscuit : mixez très finement les noisettes afin d'obtenir un sorte de farine. Faites fondre le beurre de cacao au bain-marie en veillant à ne pas trop le réchauffer. Mélangez-le avec la farine de noisettes, le sirop d'érable et le cacao cru en poudre. Réservez cette pâte au réfrigérateur pendant 30 minutes.
- Pour la crème : faites fondre le beurre de cacao, mixez-le avec les noix de cajou, le sirop d'érable et le lait d'amande afin d'obtenir une crème homogène.
- Sortez la pâte du biscuit du réfrigérateur. Façonnez de petites boules de pâte puis aplatissez-les légèrement sur une face. Comme pour un macaron, trempez une boule de pâte (sur son côté aplati) dans la ganache et refermez

→

avec une autre boule. Renouvelez l'opération jusqu'à avoir formé tous les *baci di dama*.

- Placez-les au réfrigérateur pendant 1 heure. Dégustez.

LE CONSEIL MAGIQUE

Vous pouvez remplacer la purée d'amande par de la purée de noix de cajou qui va donner une texture plus lisse à vos biscuits. Pour la petite histoire, les *baci di dama* sont des biscuits italiens nés en 1852 à la demande du roi Vittorio Emanuele II.

CRÈME DE BANANE, CHIA ET MUSCADE

POUR 4 PERSONNES
PRÉPARATION : 15 MINUTES
TREMPAGE : 15 MINUTES
REPOS : 1 NUIT

INGRÉDIENTS : 2 grosses bananes, 4 dattes, 2 c. à s. de purée de noix de cajou, 2 c. à s. de graines de chia, eau, des fruits frais pour le décor.

- Réhydratez les dattes dénoyautées pendant 15 minutes dans de l'eau à température ambiante. Coupez les bananes, mixez-les avec la purée de noix de cajou, les graines de chia, les dattes et l'eau en fonction de la texture désirée. La texture doit être homogène.
- Transférez la préparation dans un bocal et réservez-la pendant une nuit au réfrigérateur. Décorez avec des fruits frais avant de servir.

LE CONSEIL MAGIQUE

Vous pouvez varier les fruits selon la saison, ajouter d'autres superaliments ou des épices selon votre goût !

GLACE À L'ABRICOT

POUR 4 PERSONNES
PRÉPARATION : 20 MINUTES
CONGÉLATION : 1 NUIT

INGRÉDIENTS : 400 g de bananes, 300 g d'abricots, ½ c. à c. de vanille en poudre, le jus d'1 citron.

- Épluchez les bananes, coupez-les en morceaux et mettez-les au congélateur pendant une nuit. Dénoyautez les abricots et coupez-les en quartiers. Placez la moitié des abricots au congélateur pendant une nuit. Mixez l'autre moitié et réservez-la au réfrigérateur.
- Sortez les abricots et les bananes du congélateur et mixez-les avec le mélange d'abricots frais, le jus de citron et la vanille jusqu'à obtention d'un mélange homogène.
- Servez aussitôt.

LE CONSEIL MAGIQUE

Vous pouvez servir cette glace accompagnée d'une salade de fruits ou parsemée d'amandes concassées. Vous pouvez aussi changer les fruits.

GLACE AU CHOCOLAT

Pas question de renoncer au chocolat !

POUR 4 PERSONNES
PRÉPARATION : 10 MINUTES
CONGÉLATION : 7 HEURES + 1 HEURE

INGRÉDIENTS : 3 bananes, 5 c. à s. de cacao cru, 10 dattes, ½ verre d'eau.

- Placez les bananes coupées en petits morceaux au congélateur pendant 7 heures.
- Dénoyautez les dattes et mixez-les avec l'eau pour obtenir une crème homogène, ajoutez petit à petit les bananes congelées et, à la fin, intégrez le cacao. Placez la préparation au congélateur pendant au moins 1 heure.

LE CONSEIL MAGIQUE

Vous pouvez servir cette glace accompagnée d'un biscuit.

GLAÇONS DE BAOBAB, DATTES ET FRAMBOISES

Un dessert super-simple et original

PRÉPARATION : 5 MINUTES
CONGÉLATION : 8 HEURES
POUR 4 PERSONNES

INGRÉDIENTS : 600 g de jus de baobab, 6 dattes, 200 g de framboises.

- Dénoyautez les dattes, mixez-les avec les framboises et le jus de baobab pour obtenir un appareil homogène. Vous pouvez si vous le souhaitez filtrer cet appareil pour obtenir un résultat encore plus lisse et fin.
- Placez l'appareil dans des bacs à glaçons et mettez-les au congélateur pendant au moins 8 heures, jusqu'à ce qu'ils soient bien pris.
- Démoulez les glaçons à l'aide d'un peu d'eau chaude. Dégustez.

LE CONSEIL MAGIQUE

Si vous ne trouvez pas de jus de baobab, vous pouvez le remplacer par du jus de carotte ou de pomme, ou plus simplement de l'eau additionnée de jus de citron.

BROWNIE AU CHOCOLAT

Le classique américain en version « raw »

POUR 4 PERSONNES
PRÉPARATION : 15 MINUTES
TREMPAGE : 15 MINUTES
REPOS : 2 HEURES

INGRÉDIENTS : 110 g d'amandes, 60 g de pâte de cacao, 18 g de beurre de coco, 5 ou 6 dattes, 50 g de noix de cajou, 20 g de farine de noix de coco, 20 g de cacao en poudre.

- Faites tremper les dattes dans de l'eau pendant au moins 15 minutes.
- Mixez les amandes pour obtenir une farine. Égouttez les dattes et mixez-les avec le beurre de coco pour obtenir une crème homogène. Avec un couteau, coupez les noix de cajou en petits morceaux. À part, faites fondre la pâte de cacao au bain-marie sans monter au-delà de 42 °C. Servez-vous d'un thermomètre si nécessaire.
- Mélangez tous les ingrédients.
- Huilez un moule de préférence rectangulaire et versez-y la pâte sur une épaisseur de 2 cm. Réservez au réfrigérateur pendant au moins 2 heures.
- Au moment de servir, sortez du réfrigérateur et coupez en petits morceaux.

LE CONSEIL MAGIQUE

Pour un goûter délicieux, vous pouvez accompagner votre brownie d'un jus ou d'une eau aromatisée.

TABLE DES MATIÈRES

Cet ouvrage est composé de matériaux issus de forêts bien gérées certifiées FSC®, de matériaux recyclés et de matériaux issus d'autres sources contrôlées.

Le Forest Stewardship Council® (FSC®) est une organisation internationale à but non lucratif consacrée à la promotion d'une gestion forestière responsable dans le monde entier. FSC® élabore des standards en s'appuyant sur des principes de gestion forestière responsable soutenus par des acteurs environnementaux, sociaux et économiques. Pour en savoir plus, consultez le site www.fsc.org

FSC
www.fsc.org
MIXTE
Papier issu de sources responsables
FSC® C007507

Achevé d'imprimer en France
par CPI Bussière
à Saint-Amand-Montrond
Deuxième tirage (mars 2020)
N° d'impression : 2051073

Dépôt légal : avril 2017